SAINTE BERNADETTE
D'APRÈS SES LETTRES

SOEURS DE LA CHARITÉ DE NEVERS

sainte Bernadette

d'après ses lettres

Présentation de

André Ravier s.j.

P. LETHIELLEUX

7, rue des Canettes, 75006 Paris

ISBN 2-283-60208-4

NOTRE PROPOS

En janvier 1962, paraissaient aux Éditions P. Lethielleux Les Écrits de Sainte Bernadette et sa voie spirituelle. *C'était le fruit des laborieuses recherches menées par les sœurs archivistes de Nevers, avec la collaboration du Père André Ravier et de Monsieur Albert Mirot des Archives nationales. L'ouvrage se présentait sous la forme d'une édition critique rigoureuse, c'est-à-dire avec un appareil, nécessairement massif, de notes, tableaux, commentaires, etc. Le grand public ne lui en fit pas moins bon accueil, puisque en 1992 on dut préparer une troisième édition.*

Mais dès 1962, nous songions à la masse des pèlerins qui n'avaient d'autre désir que d'entrer toujours plus avant dans l'intimité de Bernadette et de trouver auprès d'elle le secret d'une vie chrétienne simple et forte. Et il nous sembla que la meilleure manière de satisfaire ce désir était de publier le Carnet *dit* « de notes intimes » *et les* Lettres *de Bernadette. Ce fut chose faite.*

Cette réédition du recueil des Lettres *intègre les précieux documents qui sont venus depuis 1963 enrichir nos archives. Nous n'avons pas cru opportun de réintroduire les quelques lettres (une dizaine environ) que nous avions éliminées dans notre première édition. Mise à part cette réserve, notre recueil contient la correspondance intégrale, aujourd'hui connue, de Bernadette.*

Que la simplicité, la sobriété de ces textes ne nous trompent pas : c'est la simplicité de la lumière, la sobriété de la transparence, c'est l'évidence sans fard de l'Évangile.

C'est en orthographe et en ponctuation rectifiées que nous citons ces textes. Les personnes qui voudraient étudier les lettres de Bernadette dans leur écriture originale pourront recourir aux Écrits[1].

André Ravier.

1. Quand nous aurons l'occasion de renvoyer aux Écrits, nous les désignerons, selon l'usage établi, par les trois initiales ESB.

BIOGRAPHIE DE BERNADETTE

1844 *7 janvier:* Naissance de Bernarde-Marie Soubirous, au moulin de Boly, à Lourdes.

9 janvier: Baptême de Bernadette.

1854 *8 décembre:* Proclamation du dogme de l'Immaculée Conception, à Rome.

1856 *En mai:* Les Soubirous, chassés de leur logis, sont recueillis par un cousin, André Sajous, au « Cachot », rue des Petits-Fossés.

1857 *À la fin de juin:* Les parents Soubirous envoient Bernadette à Bartrès, chez son ancienne « nourrice », Marie Laguës, née Aravant.

1858 *À la fin de janvier:* Bernadette rentre de Bartrès et rejoint les siens au Cachot. Les jours suivants, elle entre à l'école gratuite des Sœurs de Nevers et est inscrite parmi les futures « communiantes ».

11 février-16 juillet: La Sainte Vierge apparaît dix-huit fois à Bernadette, à la Grotte dite Massabielle.

3 juin: Première communion de Bernadette.

1860 *3 février:* Confirmation de Bernadette.

En juillet: Bernadette devient pensionnaire chez les Sœurs de l'Hospice.

1862 *18 janvier:* Après une enquête qui a duré trois ans et demi, Mgr Laurence, évêque de Tarbes, promulgue son Mandement, authentifiant les faits de Massabielle.

Début de 1866 : Bernadette est admise comme postulante dans la Congrégation des Sœurs de la Charité et de l'Instruction chrétienne, dites Sœurs de Nevers.

1866 *4-7 juillet :* Bernadette va de Lourdes au couvent Saint-Gildard de Nevers.

29 juillet : Bernadette prend l'habit religieux; elle s'appellera désormais Sœur Marie-Bernard.

25 octobre : L'état de santé de Sœur Marie-Bernard est très grave; elle reçoit l'Extrême-Onction et prononce ses vœux *in articulo mortis.*

8 décembre : Mort à Lourdes de Louise Soubirous, mère de Sœur Marie-Bernard.

1867 *30 octobre :* Sœur Marie-Bernard fait profession. Elle est affectée à la Maison-Mère (Couvent Saint-Gildard) en qualité d'aide-infirmière.

1871 *4 mars :* Mort de François Soubirous, père de Sœur Marie-Bernard.

En automne : Sœur Marie-Bernard est nommée première infirmière du Couvent Saint-Gildard.

1873 *Mai-juin :* Grave crise de santé. Le 3 juin, Sœur Marie-Bernard reçoit pour la troisième fois l'Extrême-Onction.

1874 *Au début de janvier :* Sœur Marie-Bernard devient aide-sacristine.

1875 *Octobre:* Sœur Marie-Bernard n'a plus d'« emploi » dans le couvent, sinon « l'emploi d'être malade ».

1876 *16-17 décembre:* Avant de partir pour Rome, Mgr de Nevers suggère à Sœur Marie-Bernard d'écrire au Saint-Père et de lui demander sa bénédiction pour elle-même et pour la Congrégation.

1878 *22 septembre:* Sœur Marie-Bernard prononce ses vœux perpétuels.

1879 *16 avril:* Vers 15 h 15, Sœur Marie-Bernard meurt à l'infirmerie Sainte-Croix du Couvent Saint-Gildard.

FAMILLE DE BERNADETTE

François SOUBIROUS, son père (7 juillet 1807-4 mars 1871).

Louise CASTÉROT, mère de Bernadette (28 septembre 1825-8 décembre 1866).

De leur mariage naquirent neuf enfants, dont cinq moururent en très bas âge.

Les quatre autres furent :

1. BERNARDE-MARIE, dite Bernadette (7 janvier 1844-16 avril 1879).

3. MARIE-ANTOINETTE (19 septembre 1846-13 octobre 1892). Mariée à Joseph SABATHÉ (1867), elle eut six enfants, dont les cinq premiers moururent avant l'âge de 3 ans, et le dernier fut tué pendant la guerre de 1914.

5. JEAN-MARIE (13 mai 1851-27 février 1919). Seule subsite aujourd'hui la descendance de Jean-Marie.

7. BERNARD-PIERRE, dit Pierre (10 septembre 1859-2 février 1931). Il eut deux enfants qui moururent en bas âge.

Dans la correspondance, il sera question de trois tantes de Bernadette : Tante Bernarde NICOLAU, sa marraine, Tante Basile PENE, Tante Lucile VIGNES. Ce sont les trois sœurs de Louise CASTÉROT.

Bernadette eut deux filleuls : son frère Pierre et Bernadette NICOLAU, la fille de Tante Bernarde.

I.
11 FÉVRIER - 16 JUILLET 1858 : LA VIERGE MARIE APPARAÎT DIX-HUIT FOIS À BERNADETTE SOUBIROUS

Bernadette a quatorze ans. Elle est la fille aînée de l'ancien meunier François Soubirous et de Louise Castérot qui, de faillite en faillite, sont tombés au fond de la misère. La famille vit à présent dans un taudis étroit qui servait de « cachot » à la prison désaffectée. Bernadette qui doit aider sa mère, n'a pas le temps d'aller à l'école, et elle ne sait ni lire ni écrire. Elle ne « sait que son chapelet »; elle assiste fidèlement aux offices que célèbre à l'église paroissiale le Curé Peyramale; chaque soir, on fait la prière en famille.

Le 11 février, à Massabielle, une grotte le long du Gave, la Vierge Marie apparaît à Bernadette...

De ces dix-huit apparitions, Bernadette nous a laissé sept récits manuscrits. Nous citons ici le plus complet; il est daté clairement de 1866; mais ce manuscrit est sans doute une copie du texte « original » primitif qui servit de modèle à Bernadette pour tous ses récits. Nous noterons en leur lieu et entre parenthèses quelques additions que comportent les autres textes et qui nous ont paru importantes.

À travers ces petites phrases cristallines se révèlent une sincérité, une objectivité, une prudence qui confèrent au témoignage de Bernadette un caractère exceptionnel d'authenticité.

Selon le manuscrit, nous séparons le récit des apparitions des interrogatoires du Commissaire de police JACOMET et du Procureur impérial DUTOUR. Après ces textes, nous reproduirons « les paroles de la Sainte Vierge » transcrites par Bernadette au verso d'une image, sur la demande du Père Léonard CROS.

1. Bernadette raconte les Apparitions

(1er Original du Récit des Apparitions. Écrit de la main de Bernadette en 1866.)

La première fois que je fus à la grotte, j'allais ramasser du bois avec deux autres petites filles; quand nous fûmes au moulin, je leur ai demandé si elles voulaient aller voir où l'eau du moulin allait se joindre au gave. Elles me répondirent oui. De là, nous suivîmes le canal; arrivées là, nous nous trouvâmes devant une grotte; ne pouvant aller plus loin, mes deux compagnes se mirent à même de traverser l'eau qui se trouvait devant la grotte; (elles se mirent à pleurer. Je leur demandai pourquoi pleuraient-elles ? Elles me répondirent que l'eau était froide). Donc je me trouvais seule de l'autre côté. J'ai demandé aux autres deux si elles voulaient m'aider à jeter quelques pierres dans l'eau pour voir si je pourrais passer sans me déchausser; elles me dirent de faire comme elles, si je voulais; je fus un peu plus loin voir si je pouvais passer sans me déchausser mais inutilement. Alors, je revins devant la grotte et je me mis à me déchausser. A peine si j'avais ôté le premier bas, j'entendis un bruit comme si c'eût été un coup de vent. Alors j'ai tourné la tête du côté de la prairie; j'ai vu les arbres très calmes; alors, je continuai de me déchausser; j'entendis encore le même bruit; comme je levais la tête en regardant la Grotte, j'aperçus une Dame en blanc, alors je fus un peu saisie et croyant être en face d'une illusion je me frottais les yeux mais en vain (je regardais encore); je voyais toujours la même Dame; alors je mis la main à la poche, je pris mon chapelet, voulant faire le signe de la croix mais en vain; je ne pus arriver la main jusqu'au front (ma main tomba); alors le saisissement s'empara plus fort de moi; la Dame prit le chapelet qu'elle tenait entre ses mains et elle fit le signe de la croix; alors j'ai essayé une seconde fois de le faire et je pus. Aussitôt que j'eus fait le signe de la croix, le grand saisissement que j'éprouvais disparut. Je me mis à genoux et je dis le chapelet, en présence de cette belle Dame. (La vision faisait courir les grains du sien; mais elle ne remuait pas les lèvres.) Après avoir dit le chapelet, elle me fit signe d'approcher mais je n'ai pas osé, alors elle disparut (tout d'un coup). Je me mis à ôter l'autre bas pour traverser le petit peu d'eau qui se trouvait devant la grotte et nous nous sommes retirées. Chemin faisant, j'ai demandé à mes compagnes si elles n'avaient rien vu. « Non », me répondirent-elles; « et toi, tu as vu quelque chose — O non si vous n'avez rien vu, je n'ai rien vu non plus » (Je croyais m'être trompée). Je ne voulais pas leur dire, mais elles m'ont tellement priée que je suis décidée à leur dire mais à condition qu'elles n'en parleraient à personne. Elles me promirent de garder le secret, mais aussitôt arrivées chez elles, rien de plus empressé que de dire ce que j'avais vu. Voilà pour la première fois; c'était le jeudi 11 février 1858.

La seconde fois, c'était le dimanche suivant. J'y revins avec plusieurs petites filles (parce que je me sentais pressée intérieurement. Ma mère m'avait défendu d'y aller. Après la grand'messe, les deux autres petites et moi fûmes encore le demander à ma mère. Elle ne voulait pas, elle me disait qu'elle craignait que je tombe dans l'eau;

elle craignait que je ne fusse revenue pour assister à Vêpres. Je lui promis que si; alors elle me donna la permission de partir). Nous prîmes à la paroisse une petite bouteille remplie de l'eau bénite et nous partîmes pour la grotte. Arrivées là, chacune prit son chapelet et nous nous mîmes à genoux pour le dire. A peine si j'avais dit la première dizaine, j'aperçus la même Dame; alors je me mis à lui jeter de l'eau bénite, tout en lui disant si elle venait de la part de Dieu de rester, et sinon de s'en aller et me dépêchais toujours de lui en jeter. Elle se mit à sourire, à s'incliner, et plus je lui en jetais, plus elle souriait (Et alors, saisie de frayeur, je me dépêchais aussi davantage de l'asperger, je le fis jusqu'à ce que ma bouteille fût épuisée). Après avoir fini de dire le chapelet, nous nous retirâmes pour aller à Vêpres. Voilà pour la seconde fois.

La 3e fois, le jeudi suivant.

J'y fus avec quelques grandes personnes qui me conseillèrent de prendre du papier, de l'encre et de lui demander si elle avait quelque chose à me dire, d'avoir la bonté de me le mettre par écrit. (Arrivée là, je commençais à dire le chapelet. Après avoir récité la première dizaine, je vis la même Dame). Je dis les mêmes paroles à la Dame. Elle se mit à sourire et me dit que ce qu'elle avait à me dire, ce n'était pas nécessaire de l'écrire, mais si je voulais avoir la grâce d'y aller pendant quinze jours. Je lui répondis que oui. Elle ajouta que je devais dire aux prêtres qu'ils devaient faire bâtir une chapelle, d'aller boire à la fontaine et m'y laver. (N'en voyant pas j'allai boire au Gave. Elle me dit que ce n'était pas là; elle me fit signe avec le doigt en me montrant la fontaine. J'y fus; je ne vis qu'un peu d'eau sale; j'y portai la main. Je ne pus en prendre, je me mis à gratter; après, je pus en prendre. Pendant trois fois, je l'ai jetée; à la quatrième fois je pus en boire). Elle ajouta que je devais prier pour les pécheurs. Elle me répéta plusieurs fois ces mêmes paroles; elle me dit 3 choses dont je suis obligée de garder le secret. Elle me dit aussi qu'elle ne me promettait pas de me faire heureuse dans ce monde mais dans l'autre, et un jour, elle me dit de manger une herbe qui se trouvait au même endroit où je fus boire; une fois seulement; j'ignore pour quoi.

La troisième fois, je fus trouver Monsieur le Curé pour lui dire qu'une Dame m'avait ordonné d'aller dire aux prêtres de faire bâtir là une chapelle, il me regarda un moment et ensuite il me dit d'un ton pas très commode : « Qu'est-ce que c'est que cette Dame ? » Je lui répondis que je ne le savais pas. Alors, il me chargea de lui demander son nom et de venir le lui dire. Le lendemain, quand je fus arrivée à la Grotte, après avoir récité le chapelet, je lui demandais son nom de la part de Monsieur le Curé, mais elle ne faisait que sourire. De retour, je fus chez Monsieur le Curé lui dire que j'avais fait la commission mais qu'elle n'avait fait d'autre réponse qu'un sourire; alors il me dit qu'elle se moquait de moi et que je ferais bien de ne plus y revenir; mais je ne pouvais m'empêcher d'y aller. J'y fus pendant quinze jours et je lui demandais chaque fois qui elle était — ce qui la faisait toujours sourire. Après les quinze jours, je le lui ai demandé trois fois de suite et ce ne fut qu'à la quatrième fois qu'elle me dit qu'elle était l'Immaculée Conception. Alors je revins de nouveau chez Monsieur le Curé lui raconter qu'elle m'avait dit qu'elle était l'Immaculée Conception et il me demanda si j'en étais bien sûre. Je lui répondis que oui et que, pour ne pas oublier ce mot, je l'avais répété tout le long du chemin.

2. Chez le Commissaire Jacomet

Le 1er dimanche de la quinzaine, comme je sortais de l'église, un valet de ville me prit par le capuchon et me commanda de le suivre. Je le suivis et, le chemin faisant, il me disait qu'on irait me faire voir la prison. J'écoutais en silence et nous arrivâmes ainsi chez le commissaire de police. Il me fit passer dans une chambre où il était seul, me donna une chaise et je m'assis. Ensuite, il prit du papier et me dit de lui raconter ce qui s'était passé à la Grotte. Je le fis. Après avoir mis quelques lignes telles que je le lui avais dicté, il mettait d'autres choses qui m'étaient étrangères. Puis, m'ayant dit qu'il allait m'en faire lecture pour voir s'il s'était trompé, j'écoutais attentivement. Mais, à peine avait-il lu quelques lignes, qu'il y avait des erreurs, alors je répliquais vivement: « Monsieur, je ne vous ai pas dit cela. » Alors, il se mettait en colère en assurant que si, et moi je répétais toujours que non. Ces débats durèrent pendant quelques minutes, et quand il vit qu'il s'était trompé et que je persistais à lui dire que je ne lui avais pas dit cela, il allait un peu plus loin et recommençait (à lire ce dont je n'avais jamais parlé et moi à soutenir que ce n'était pas ainsi). C'était toujours la même répétition, je suis restée là pendant une heure ou une heure et demie. De temps en temps, j'entendais des coups de pieds après les portes et les croisées et des voix d'hommes qui criaient : « Si vous ne la laissez pas sortir, nous enfonçons la porte. » Quand le moment de me retirer fut venu, le commissaire m'accompagna, ouvrit la porte, et là, je vis mon père qui m'attendait avec impatience avec une foule d'autres gens qui m'avaient suivie de l'église. Voilà pour la première fois que je fus obligée de paraître devant ces Messieurs.

3. Chez le Procureur Impérial Dutour

La deuxième fois, ce fut chez M. le Procureur Impérial. La même semaine il envoya le même commissionnaire en me faisant dire de me trouver à six heures chez le Procureur Impérial. Je m'y rendis avec ma Mère. Alors, on me demanda comment cela s'était passé à la Grotte. Je racontai tout et il le mit en écrit. Ensuite, il m'en fit lecture, comme avait fait le commissaire de Police, c'est-à-dire qu'il y avait mis certaines choses que je ne lui avais pas dites. Alors je dis : « Monsieur, je ne vous ai pas dit ça. » Il me soutint que si et, pour toute réponse, je répliquais que non. Enfin, après avoir assez lutté, il avoua qu'il s'était trompé et il continua la lecture et il faisait toujours de nouvelles erreurs, en me disant qu'il avait les papiers du commissaire et que ce n'était pas la même chose. Je lui disais que je lui avais raconté la même chose et que si le commissaire s'était trompé, c'était tant pis pour lui. Alors, il dit à sa femme de renvoyer chercher le commissaire et un valet de ville pour aller me faire coucher en prison. Ma pauvre Mère pleurait depuis un moment; elle me regardait de temps en temps, et lorsqu'elle entendit qu'on allait nous mettre en prison, ses larmes tombèrent avec plus d'abondance. Moi, je la consolais en lui disant : « Vous êtes bien bonne de pleurer parce que nous allons en prison, puisque nous n'avons fait aucun tort à personne »; alors, il nous offrit des chaises au moment de partir pour attendre la réponse. Ma mère en prit une, car elle était toute tremblante depuis deux heures que nous étions là debout. Pour moi, je remerciai Monsieur le procureur et je m'assis par terre comme les tailleurs. Il y avait des hommes qui regardaient par là et, quand ils virent que nous ne sortions jamais, ils se mirent à frapper à la porte à coups de pieds; quoique le valet de ville y fut, il n'en était pas maître. Le procureur mettait de temps en temps la tête à la croisée pour leur dire de faire doucement, mais on lui répondait de nous faire sortir car, autrement, on ne finirait pas encore. Alors, il se décida à nous renvoyer, nous disant que le commissaire n'avait pas le temps et que l'affaire était renvoyée au lendemain.

4. Les « Paroles de la Sainte Vierge »

Le 24 octobre 1865, Bernadette transcrivit pour le Père Cros, au verso d'une image de S. Jean Berchmans les paroles que lui avait adressées la Sainte Vierge. Elle les écrivit en dialecte, comme elle les avait entendues. En voici la traduction par le chanoine Salvat :

Voulez-vous me faire le plaisir de venir pendant quinze jours ?
Vous irez dire aux prêtres de faire bâtir une chapelle.
Allez boire à la fontaine et vous y laver.
Vous prierez Dieu pour les pécheurs.
Je suis l'Immaculée Conception.
Allez manger cette herbe que vous trouverez là.
Je ne vous promets pas de vous faire heureuse en ce monde, mais dans l'autre.

Cette image a aujourd'hui « disparu » des archives Cros.

II.

JUILLET 1858 - JUILLET 1866 : BERNADETTE TRANSMET LE MESSAGE QU'ELLE A REÇU À MASSABIELLE

Les Apparitions terminées (16 juillet 1858), Bernadette va en classe chez les Sœurs de Nevers : elle apprend à lire et à écrire. Le 3 juin, elle a fait sa première communion, et dès lors l'Eucharistie devient le centre de sa vie chrétienne, une vie d'ailleurs toute simple, mais très profonde dont la prière, le sacrifice, la pauvreté, l'obéissance forment le tissu.

Les pèlerins affluent à Lourdes, interrogent Bernadette, veulent entendre de sa bouche le récit des apparitions : inlassablement elle dit ce qu'elle a vu et entendu. En particulier, elle subit les interrogatoires de la commission que Mgr Laurence, évêque de Tarbes, a instituée pour enquêter sur les faits de Massabielle; le 18 janvier 1862 enfin Mgr Laurence porte son mandement : il authentifie sans réserve les Apparitions et le message.

Cependant, toutes ces visites, les lettres qu'elle reçoit et auxquelles elle doit répondre fatiguent Bernadette dont la santé depuis longtemps est fragile. En 1860, le maire de Lourdes, à la demande du Curé Peyramale, l'admet à l'Hospice des Sœurs, au titre de « malade indigente ». Le 28 avril 1862, Bernadette, atteinte de pneumonie, reçoit pour la première fois l'Extrême-Onction. Toutes ses souffrances physiques et morales, elle les offre pour tous ceux qui se recommandent à sa prière, et surtout, selon le message de la Vierge, « pour les pécheurs ». On notera la place que tient dans cette prière la Grotte où lui apparut l'Immaculée Conception : c'est pour elle le lieu privilégié.

Dès 1858, Bernadette se sent appelée à être religieuse; mais dans quelle Congrégation ? Quand et où ? Tant d'obstacles se dressent devant son désir ! Enfin, dans les premiers mois de 1866, elle est admise comme postulante dans la Congrégation des Sœurs de la Charité et de l'Instruction Chrétienne, dites Sœurs de Nevers.

5. À Don Antonio Moralès

(3 décembre 1862)

Don Antonio Moralès, un fervent de Lourdes, collectait des aumônes dans sa province de Malaga, pour l'aménagement des sanctuaires.

Monsieur,

J'ai reçu en son temps votre honorable lettre, mais je n'ai pu y répondre tout de suite; étant une pauvre fille bien ignorante, j'ai besoin, pour écrire, qu'on m'aide un peu.

Je suis heureuse, Monsieur, et je bénis le Seigneur de votre grand amour et de votre tendre dévotion envers notre bonne Mère, la très Sainte Vierge Marie Immaculée.

Veuillez, je vous en conjure, la prier de m'obtenir de son divin Fils la grâce de correspondre fidèlement à tous les desseins de Dieu sur moi. Je suis, Monsieur, bien faible; j'ai grand besoin du secours des prières des bonnes âmes, pour ne pas abuser de la faveur que j'ai reçue du Ciel, malgré que j'en fusse indigne.

J'espère donc, Monsieur, que vous, vos parents et vos amis, vous voudrez bien prier pour moi, et en reconnaissance de ce bienfait, je vous promets de ne jamais vous oublier devant Dieu et la Vierge Immaculée.

Le chapelet est ma prière de prédilection : je suis d'ailleurs trop ignorante pour pouvoir en composer une. De tous les objets que vous me demandez, je ne puis, à mon grand regret, que vous envoyer une médaille de la Grotte bénie : c'est tout ce que je possède en ce moment ; une autre fois, peut-être je serai plus heureuse, et dans cette espérance, je vous prie, Monsieur, d'agréer l'hommage de mon profond respect dans les Sacrés Cœurs de Jésus et de Marie Immaculée.

Votre très humble servante.

5 bis. Bernadette prie «pour les pécheurs»

(À Madame Castéron, 14 mars 1864)

Cette lettre, l'une des premières que nous possédions, est caractéristique : Bernadette a pleinement conscience que sa mission personnelle est bien de «prier pour les pécheurs». Mais elle a soin de se recommander elle-même aux prières de ceux qui lui demandent les siennes.

Madame,

J'ai reçu votre lettre avec billet pour les honoraires des neuf messes qui seront dites comme vous le désirez. Ma chère Mère me charge de vous dire que nous unirons pendant ces neuf jours nos prières aux vôtres pour obtenir, par l'intercession de Notre-Dame de Lourdes, la conversion de la personne qui vous intéresse, je le ferai aussi en mon particulier et continuerai ensuite, après la neuvaine, d'importuner cette bonne Mère du Ciel jusqu'à ce qu'elle nous ait exaucées. Veuillez aussi avoir la bonté, Madame, de prier pour moi et pour toute la communauté qui se recommande à vos prières, espérant que cette union de prières nous sera profitable à tous et touchera le Cœur de Jésus et celui de sa très Sainte Mère.

Recevez, Madame, l'assurance de mon profond respect et de tout mon dévouement.

Lourdes, le 14 mars 1864.

6. «Mon pauvre cœur aurait bien des choses à vous dire»

(À Mère Ursule Fardes, 2 mai 1864)

Mère Ursule Fardes était la Supérieure des Sœurs de Lourdes au temps des Apparitions. Pour la première fois, Bernadette fait confidence des souffrances qu'endure «son pauvre cœur» et auprès desquelles la maladie et la mort elles-mêmes ne sont rien. Souffrances dont l'aveu se répètera jusqu'en 1879, souffrances mystérieuses qui semblent très liées à sa mission d'expier «pour les pécheurs».

Ma chère Mère,

Je profite de l'occasion qui se présente pour m'entretenir un instant avec vous, c'est un grand bonheur pour moi, croyez-le, ma chère Mère, il serait bien plus grand encore si le bon Dieu me faisait la grâce de vous voir un instant. Mon pauvre cœur aurait bien des choses à vous dire; tout ce que je puis vous dire sur ce papier, c'est d'avoir la charité de prier pour moi, car j'en ai bien besoin. Je suis toujours un peu souffrante; cependant, je vais un peu mieux depuis quelques jours; on craint pour la poitrine; enfin, que la volonté de Dieu soit faite, je suis résignée à mourir, demandez pour moi une bonne mort. Je pense souvent à vous, je prie tous les jours pour que le bon Dieu et la Sainte Vierge vous accordent tout ce que vous leur demandez, et surtout quand j'ai le bonheur d'aller à la Grotte.

La Sœur Victorine me charge de vous dire bien des choses, elle vous aime beaucoup, car nous parlons souvent de vous, ainsi que la Sœur Aurélie avec. Un peu plus, la Mère générale nous l'enlevait la semaine dernière; on ne la désignait pas, on disait seulement d'envoyer une Sœur à Oloron, mais notre chère Mère l'envoyait de préférence pour faire l'asile; j'espère que la Sainte Vierge nous la laissera encore; la Mère a écrit à Nevers.

M. le Curé a été faire un voyage avec les dames qui ont donné la Sainte Vierge[1], et je crois qu'il ira à Rome.

Tous mes parents m'ont chargée de vous dire bien des choses de leur part et surtout ma sœur, j'ai un petit frère de plus.

---

1. La statue de Fabisch, offerte par les Demoiselles de Lacour (originaires de Chasselay, près de Lyon).

Je termine mon griffonnage en vous embrassant mille fois de tout mon cœur, je vous envoie une gravure pour que vous priiez pour moi, je pense que vous le faites.

Agréer, ma chère Mère, les sentiments de ma reconnaissance et du religieux dévouement de votre obéissante servante.

7. Aux demoiselles de Lacour

(mai 1864)

Mesdemoiselles,

Je profite du moment que j'ai pour vous adresser mes remerciements, je ne sais comment vous en témoigner assez ma reconnaissance pour toutes les choses que vous avez eu la bonté de m'envoyer par M. l'abbé Pomian, et surtout du joli livre. Je suis heureuse chaque fois que je le vois, je me dis en moi-même : voilà le livre des demoiselles de Lacour; du reste, je pense bien souvent à vous, ainsi qu'à M. l'Abbé, devant le bon Dieu et la très Sainte Vierge, surtout quand j'ai le bonheur d'aller à la Grotte. C'est là que je prie pour toutes vos intentions.

Je suis accablée tous les jours par les visites, cela me fatigue beaucoup. J'ai eu dernièrement une forte crise, je croyais aller voir le bon Dieu; à 9 heures du soir, M. l'Abbé était à l'hospice, j'avais perdu connaissance; je m'en ressens encore un peu; cependant, j'ai été dimanche dernier à la Grotte; je vous prie de croire que je ne vous ai pas oubliées.

Je vous prie, Mesdemoiselles, de m'excuser si j'ai tant tardé à vous remercier, ce n'est pas négligence de ma part, je vous assure que j'y pensais souvent, la maladie seule a été cause d'un si long retard.

Je vous prie, Mesdemoiselles, d'agréer mes sentiments de reconnaissance, ainsi que M. l'abbé Blanc.

Je vous prie de ne pas m'oublier dans vos ferventes prières, ainsi que M. l'abbé; de mon côté, je vous promets de ne pas vous oublier, quoique les miennes soient bien peu de chose.

8. À un abbé qui voulait se faire ermite à Massabielle

(À l'Abbé Charles Bouin, 9 juillet et 22 août 1864)

L'Abbé Bouin fut le destinataire privilégié d'un des récits autographes des Apparitions; entre lui et Bernadette la confidence du projet d'ermitage tissa un lien d'amitié. Mais il fallait garder strictement le secret, et cela donna à ces deux lettres un petit air de « complot », nous découvrons une Bernadette finaude et mutine. Les « portraits » dont il s'agit sont tout simplement des photographies.

Le rêve d'ermitage ne se réalisa pas... et pour cause: un lieu de pèlerinage n'est pas un désert!

Monsieur l'Abbé,

Vous ne sauriez croire le doux plaisir que m'a causé votre vénérée lettre, je l'attendais avec impatience, je suis bien heureuse de penser que vous ne m'oubliez pas dans vos saintes prières et surtout au saint Sacrifice de la messe. De mon côté, je ne vous oublie pas non plus, je pense bien souvent à vous et surtout quand j'ai le bonheur d'aller à la Grotte. Nous serons en union de prières pour la vie, si vous voulez bien me le permettre, Monsieur l'Abbé, car je me suis bien attachée à vous pour la première fois que j'ai eu l'honneur de vous voir; je ne sais pourquoi, c'est bien le bon Dieu qui l'a fait et tout ce qu'il fait est bien, enfin, j'ai toute la confiance en vous qu'on puisse avoir pour une personne.

Vous me demandez si j'ai bien compris toute l'étendue de votre pensée quand vous me dites que je devais vous être d'une grande utilité. Hélas ! moi, misérable créature que je suis, je crois bien tout le contraire, Monsieur l'Abbé, que c'est plutôt vous qui m'êtes d'une grande utilité pour le salut de mon âme, j'espère cependant que cette bonne Mère aura pitié de nous, elle sait que nous ne pouvons rien sans son secours, ainsi il faut qu'elle ait pitié de ses enfants.

Les prières que vous avez eu la bonté de faire pour moi m'ont fait du bien, oui, certainement, et j'espère que ce bien continuera, car dans ce moment j'en ai bien besoin. Je vous aurais écrit plus tôt, mais les nombreuses visites m'ont empêchée de satisfaire mon grand désir, ne croyez pas, Monsieur l'Abbé, que ce soit par indifférence, non.

J'ai été quatre fois cette semaine à la Grotte; je ne vous ai pas oublié auprès de cette bonne Mère, j'espère que vous obtiendrez ce que vous désirez, elle ne peut pas vous le refuser. Tous mes parents se joignent à moi pour vous dire mille choses affectueuses et surtout ma sœur vous prie de ne pas l'oublier dans vos prières. Je vous recommande mon frère, l'aîné des garçons, qui est bien paresseux pour les devoirs de classe; il n'est pas toujours obéissant comme je voudrais envers mes parents. Je termine mon griffonnage en me recommandant encore une fois, Monsieur l'Abbé, à vos ferventes prières. Vous pouvez être tranquille au sujet de votre lettre, personne ne l'a décachetée que moi : mes parents m'ont envoyé chercher, ça a été une bonne occasion pour aller les voir.

Pour ce qui concerne l'Apparition, Monsieur l'Abbé, je vous l'enverrai la prochaine fois; malgré ma bonne volonté, je ne puis le faire à présent, impossible, car je suis toujours à monter et descendre; j'ai fait ceci en plusieurs reprises, c'est ce qui me décourage pour faire mes devoirs; à peine j'ai pris la plume qu'il faut la quitter.

Je vous prie, Monsieur l'Abbé, d'agréer les sentiments respectueux de votre très humble et toute dévouée servante.

Lourdes, le 9 juillet 1864.

P. S. — Monsieur l'Abbé, Mme Forel a eu la bonté de me montrer votre portrait pour voir si je le connaîtrais; je vous y ai parfaitement reconnu, mais vous me rendez jalouse, car il s'en a fallu peu pour que je le garde.

Monsieur l'Abbé,

Je vous prie de me pardonner si j'ai mis tant de retard à vous écrire; ne croyez pas que ce soit par indifférence. Oh ! non, car j'y pensais à chaque instant; je n'aurais pas voulu y penser aussi souvent, surtout ne pouvant pas le faire. Alors, je ne puis rien faire à la classe depuis quelque temps : tout ce que je fais, c'est recevoir des pèlerins depuis le matin jusqu'au soir. Aussi, je profite du moment que j'ai pour faire ces quelques lignes.

Oh ! que je serais heureuse, Monsieur l'Abbé, si j'avais le bonheur de vous voir à Lourdes, et surtout pour y rester. Je vais prier pour que le bon Dieu et la Sainte Vierge vous fassent connaître s'il faut que vous soyez son ermite. Je voudrais bien pouvoir faire comme vous, car je suis fatiguée de voir tant de monde; priez pour moi, je vous en prie afin que Dieu me prenne ou qu'il me fasse entrer vite au nombre de ses épouses, car c'est là mon grand désir, quoique bien indigne. Je ne sais comment vous assez remercier pour toutes les bontés que vous avez pour moi et surtout de me nommer tous les jours au Saint Sacrifice de la messe ainsi que mes parents; je vous en suis bien reconnaissante, Monsieur l'Abbé. De mon côté, je ne vous oublie pas non plus, dans mes faibles prières.

Je n'ai point parlé de vos lettres à Mme Forel, c'est elle qui m'a demandé si j'avais reçu une lettre de votre part. Je lui ai dit que oui, pensant que, peut-être, vous lui en parliez dans sa lettre, car elle me dit qu'elle le savait et qu'elle en avait reçu une également. Mais autrement, je ne lui ai rien dit pour ce qui concerne les lettres, pas seulement un seul mot.

Vous me demandez les noms de toute la famille, les voici. Je commence par mon père, ainsi de suite : François, Louise, Marie, Jean-Marie, Augustin, Pierre, Jean. Je ne vous nomme pas le huitième, pensant que vous ne l'avez pas oublié.

J'ai été agréablement surprise, Monsieur l'Abbé, en décachetant votre vénérée lettre, et en voyant votre aimable portrait. Je ne me possède pas de joie, car je l'ai regardé bien des fois depuis que je l'ai reçu; mais hélas ! il faut que je me contente de le regarder. Enfin, je ne sais comment vous témoigner ma reconnaissance et vous remercier d'avoir eu la bonté de me l'envoyer. Je continue de prier pour la personne dont vous me recommandez de le faire; ayez la bonté de lui dire qu'elle ait la charité d'offrir un peu de ses souffrances au Seigneur pour moi.

Il y a une personne qui m'a priée de vous demander si vous voulez avoir la charité de faire une quête pour une famille qui est bien malheureuse, d'après ce que cette autre personne m'a dit. Elle m'a défendu de vous dire son nom, mais je sais que vous la connaissez, car vous m'en avez parlé plusieurs fois, et vous la connaissez depuis bien longtemps d'après ce qu'elle m'a dit. Et elle m'a dit de vous dire si vous aviez la bonté de le faire, et si vous receviez quelque chose, d'envoyer le coupon chez Mme Forel; peut-être que vous comprendrez, mais ne faites rien connaître, je vous en prie, car elle me l'a tant recommandé.

Toute ma famille me charge de vous dire bien des choses, et se joint à moi pour vous prier de ne pas les oublier dans vos ferventes prières.

Je termine mon griffonnage en vous désirant une parfaite santé. Je vous prie, Monsieur l'Abbé, d'agréer les sentiments respectueux de votre toute dévouée servante.

Lourdes, le 22 août 1864

9. Pèlerins à l'affût des « reliques »

(À Mme Douville de Saint-Alire, 24 février 1865)

Faire toucher des médailles, des chapelets à Bernadette, obtenir d'elle des images signées où elle inscrivait le fameux « p. p. Bernadette » (priez pour Bernadette) ne suffisaient pas à l'appétit indiscret des pèlerins pour les « reliques ». Si elle prenait part à une procession, c'était à qui lui coupait un morceau de voile. Ici, il s'agit de mèches de cheveux... Il est vrai que Mme Douville de Saint-Alire ne craignait pas de traverser toute la France, d'Abbeville à Lourdes, pour venir voir Bernadette.

Madame,

Je ne sais comment vous remercier des gravures que vous avez eu la bonté de m'envoyer, je ne puis vous dire le bonheur que j'ai éprouvé en voyant le portrait du

P. Hermann, votre inspiration a été bonne, car je tenais à l'avoir; permettez, Madame, que je vous en témoigne toute ma reconnaissance. Je ferai les prières dont vous me demandez, avec la plus grande exactitude pour toutes les personnes qui vous sont chères, et croyez, Madame, que je ne vous oublierai pas non plus; chaque fois que je verrai le portrait du P. Hermann, je penserai à la personne qui me l'a donné.

Pour les cheveux, il m'est expressément défendu d'en livrer; si c'eût été autre chose que j'eusse pu vous offrir sans désobéir, je l'aurais fait de grand cœur.

Soyez assez bonne, Madame, de vouloir prier pour la pauvre Bernadette qui se recommande d'une manière toute particulière à vos ferventes prières; quoique les miennes soient bien faibles, je vous prie de croire qu'elles ne vous feront pas défaut.

Ma chère Mère me charge de la rappeler à votre bon souvenir et de vous présenter son respect.

Recevez, Madame, les sentiments respectueux de votre toute dévouée et reconnaissante servante.

10. « Je serais si heureuse d'être de la famille des Sœurs de Nevers »

(À Mère Augustine Ceyrac, 4 décembre 1865)

Bernadette ne s'apitoie guère sur ses souffrances physiques : cette lettre nous fournit quelques renseignements.

Elle nous informe surtout de la décision de la jeune fille d'entrer chez les Sœurs de Nevers... quand sa santé le permettra.

Ma chère Mère,

Pardonnez-moi le retard que j'ai mis à vous remercier; j'aurais répondu plus tôt à votre affectueuse lettre, mais j'ai différé jusqu'à ce jour pour vous faire savoir si les pilules que vous avez eu la bonté de m'envoyer me procuraient quelque soulagement. Je les ai prises très exactement et de la manière que vous m'avez indiquée. Elles m'ont fait le plus grand bien; mon sommeil était moins agité, l'appétit plus soutenu, et cette éternelle toux, qui me fatigue tant, semblait avoir disparu. J'était heureuse de voir ma santé s'améliorer un peu, mais je suis vite retombée. Voilà à peu près quinze jours, j'ai pris un coup d'air, avec cela ma toux habituelle et une forte irritation m'ont bien fait souffrir. Depuis deux jours, je vais un peu mieux. Je désirerais bien vivement que ma santé se fortifiât. Je serais si heureuse d'être de la famille des Sœurs de Nevers. Oh ! veuillez donc, ma bien chère Mère, penser à moi dans vos ferventes prières, afin que bientôt je sois en état de me donner tout de bon à notre divin Sauveur.

Quoique mes prières soient bien imparfaites, je les adresse tous les jours à Notre-Dame de Lourdes, d'abord pour vous, ma chère Mère, qui me portez tant d'intérêt, et ensuite pour toute la communauté de Figeac à qui je pense bien souvent.

Ma chère Mère me charge de vous exprimer ses regrets de ne pouvoir vous écrire en ce moment et se rappelle à votre bon souvenir... (*plusieurs mots illisibles sur la photographie du document*)... et moi, ma chère Mère, veuillez agréer mes sentiments les plus respectueux et croire à toute l'étendue de ma gratitude.

P. S. — Si ces pilules sont bonnes pour l'asthme, veuillez donc en envoyer une boîte pour un monsieur atteint de cette maladie et dire le prix.

10 bis. Bernadette élève, à Tarbes, des Filles de la Charité de saint Vincent de Paul

(À Sœur Constance de Panebœuf, 18 décembre 1865)

Ces premiers contacts de Bernadette avec les filles de la Charité datent d'avant les Apparitions (mai 1856 - juin 1857). Ses cousins Delluc invitent parfois Bernadette à Tarbes; et pendant ces courts séjours, Bernadette va en classe chez les Filles de la Charité. Sœur Constance de Panebœuf est alors maîtresse des débutantes; à cette religieuse jeune et dynamique, Bernadette s'attache très fort. Elle entretiendra avec elle une correspondance dont, hélas! il ne reste que cette lettre. (Cette lettre est à rapprocher de notre n°38 bis à Adèle Delluc.)

J.M.J. Ma chère Sœur,

Veuillez me pardonner de n'avoir pas répondu plus tôt à votre affectueuse lettre. Depuis qu'il fait froid, j'ai été retenue au lit par un fort rhume; depuis hier, je vais mieux et je vous consacre avec bonheur mes premiers moments libres. Les courts instants que j'ai passés avec vous ne s'effaceront jamais de ma mémoire; ils me rappellent avec bonheur une personne à laquelle je tiens d'une manière toute particulière; veuillez donc croire que je ne vous oublierai jamais. Pour le concours de mes prières, il ne vous fera pas défaut, soyez en sûre; mais hélas, elles sont bien faibles; en retour, permettez-moi de vous demander une petite intention dans les vôtres, car j'en ai bien besoin.

J'ai fait avec toute la communauté la neuvaine pour la personne à laquelle vous vous intéressez, et nous ne l'oublierons pas dans celle que nous ferons encore; il faut à tout prix que Dame de Lourdes nous obtienne ce que vous désirez. La chapelle † de la grotte est bien avancée; la crypte est presque terminée; on y dira la première messe très prochainement; je vous promets de penser à vous lorsque j'aurai le bonheur d'y assister; en attendant cet heureux jour, veuillez croire à mes sentiments bien respectueux.

Lourdes, le 18 décembre 1865.

11. C'est à la Grotte que Bernadette aime à prier pour ses amis

(À M. et Mme Duvroux, fin 1865 et début 1866)

Ces deux lettres nous permettent d'apercevoir quelque chose de ce réseau de bonnes amitiés qui s'étaient nouées autour de Bernadette et de sa famille. Elles nous renseignent aussi sur les travaux d'aménagement des sanctuaires. La petite dernière-née des Soubirous (neuvième enfant) ne figure même pas sur les registres de l'état-civil de Lourdes : insignifiance de la vie et de la mort des pauvres!

Monsieur

Malgré le grand désir que j'aurais d'assister à la grande cérémonie, je n'ose entreprendre un si long trajet, d'abord à cause du froid, vous savez qu'il est extrêmement contraire à ma santé; je crois que ce serait inutile de solliciter une permission, mais si vous voulez, plutôt aux vacances, alors nous nous verrons un peu plus longtemps. Faisons ce petit sacrifice les uns et les autres, car, pour mon compte, il me tarde de vous voir. Je me dis quelquefois en moi-même : « Si Madame Duvroux et son pieux mari pouvaient venir, comme je serais heureuse ! » Je vous promets que c'est bien rare si je passe un jour sans penser à vous autres et surtout quand j'ai le bonheur d'aller à la Grotte, c'est là que j'aime à me rappeler mes amis aux pieds de cette bonne Mère.

Laissez-moi vous remercier, Monsieur, pour tant de bontés que vous avez pour nous; j'en suis vraiment confuse quand je pense à tout ce que vous avez fait pour moi, ainsi que pour ma famille. Mes parents se joignent à moi pour vous souhaiter une bonne et heureuse année. Je ne cesse de faire des vœux au ciel pour vous, afin que le bon Dieu vous comble de ses plus abondantes bénédictions.

Marie me charge de vous dire mille choses de sa part. Ma chère Mère, ainsi que toutes les Sœurs me chargent de les rappeler à votre bon souvenir, et vous offrent leurs vœux de bonne santé.

Je termine, Monsieur, en me recommandant à vos ferventes prières, ainsi qu'à celles de votre épouse.

Recevez les sentiments respectueux avec lesquels j'ai l'honneur d'être votre reconnaissante et affectionnée

B. S.

La sainte messe ne se dira à la Grotte qu'à la Purification; je tâcherai de le savoir au sûr pour vous le dire. J'espère que vous viendrez ce jour-là.

Madame.

Je vous prie de me pardonner si j'ai tant tardé à vous écrire; avez-vous peut-être cru que c'était négligence de notre part, non ce n'est nullement cela. Vous savez que ma mère était, depuis quelque temps, souffrante. Et, comme vous savez, Marie devait être marraine, mais le bon Dieu en a disposé autrement; nous avions une petite fille, mais nous n'avons pas eu le temps d'en jouir longtemps, le bon Dieu ne l'avait pas créée pour la terre. Nous eûmes le temps de lui donner de l'eau et elle s'envola au ciel, pauvre petit ange! Mais, comme vous pouvez penser, ça a été un glaive de douleur pour ma pauvre mère; cependant, elle se remet un peu à présent; elle parle bien souvent de vous autres et surtout depuis que ma sœur est revenue de chez vous; elle nous dit qu'elle s'ennuie maintenant à Lourdes, et ensuite elle nous dit qu'elle a pleuré, mais bien ri, et que, si nous ne l'avions pas envoyé chercher, elle ne serait revenue que quand vous l'auriez mise à la porte, le croiriez-vous de cette petite méchante? Elle me charge de vous dire mille et mille choses de sa part, ainsi qu'à Monsieur votre époux.

Nous vous prions, Madame, d'agréer nos remerciements pour toutes les bontés que vous avez eues pour nous, ainsi que Monsieur votre époux.

Soyez assez bonne, Madame, pour offrir nos amitiés au jeune homme qui était venu avec vous et lui dire que nous l'attendons pour le prochain voyage que vous ferez à Lourdes. Si vous saviez comme il nous tarde de vous voir pour pouvoir vous remercier de vive voix.

Je me recommande à vos ferventes prières, Madame, j'en ai bien besoin, afin que je souffre toujours avec patience si telle est la volonté de Dieu; de mon côté, je ne vous oublie pas, je pense bien souvent à vous autres et surtout quand j'ai le bonheur d'aller à la Grotte.

Je termine mon griffonnage en vous embrassant de tout mon cœur.

Recevez, Madame, les sentiments respectueux de votre toute dévouée et reconnaissante

B. S.

12. « Je me sens plus pressée que jamais de quitter le monde »

(À Mère Augustine Ceyrac, 28 avril 1866)

À présent le départ pour Nevers est décidé. Mais la date en demeure incertaine : car la santé de Bernadette n'est pas bonne... Et puis, Monseigneur désire la garder à Lourdes pendant l'été, afin qu'elle attire et accueille les pèlerins !

Ma chère Mère,

Je viens d'abord pour vous remercier des pilules que vous avez eu la bonté de m'envoyer, et vous dire que depuis que j'ai pris celles que j'ai reçues la première fois, je n'ai pas eu de crises, car j'ai passé un hiver assez tranquille. Je regarde cela comme un bienfait de Dieu, je crois qu'il vous a envoyée à Lourdes, pour me guérir. Quoique ma santé se soit améliorée je continue de prendre les nouvelles pilules que votre charité m'a fait parvenir, ce dont je vous suis bien reconnaissante.

Je vous remercie aussi des ferventes prières que vous avez la bonté d'adresser au Seigneur pour moi, je crois qu'elles ont été déjà exaucées, car je me sens plus pressée que jamais de quitter le monde, et maintenant je suis tout à fait décidée, je me propose de partir sous peu. Oh ! Ma chère Mère, qu'il me tarde de voir le beau jour où j'aurai le bonheur d'entrer au Noviciat, car ce doit être un vrai ciel sur terre, je vous prie donc ma chère Mère de redoubler vos ferventes prières à cette intention. De mon côté je vous promets que les miennes ne vous feront pas défaut, je prie pour vous chaque fois que je vais à la grotte, ainsi que pour toutes vos chères Sœurs, j'unis mes supplications aux vôtres afin d'obtenir la grâce que vous sollicitez.

Je vous envoie un chapelet, qui a touché au St Sépulcre de Notre Seigneur Jésus-Christ, il a été béni par notre St Père le Pape, et je m'en suis servi. Je vous prie de le dire une fois pour moi, il n'est pas de valeur en fait d'argent, mais il n'en est pas moins précieux; si j'avais pu vous en envoyer un monté en argent par la poste, je l'aurais fait; au reste j'ai pensé que vous préféreriez celui-là à l'autre.

Je vous quitte en vous remerciant encore une fois pour toutes les bontés que vous avez eues pour moi, je ne l'oublierai jamais.

Recevez, Ma chère Mère, les sentiments respectueux de votre très humble servante

13. Bernadette aide une amie à répondre à l'appel du Seigneur

(À Monsieur Mouret, 26 mai 1866)

Léontine Mouret, une grande amie de Bernadette, aspire à entrer au noviciat de Nevers : mais elle n'a que dix-sept ans, et son père voudrait qu'elle attende encore. Bernadette presse M. Mouret de laisser partir Léontine avec elle « dans peu de temps ».

Monsieur,

Ne soyez pas étonné si vous recevez une de mes lettres. Connaissant le vif désir qu'a votre fille d'entrer en communauté depuis si longtemps, je viens vous engager à lui accorder un consentement qui fera son bonheur. Je comprends que c'est un grand sacrifice pour un père et une mère de se voir séparés d'une fille chérie, mais soyez généreux pour le bon Dieu, qui ne se laisse jamais vaincre en générosité, et puisqu'il le demande, soyez libéral envers lui et il le sera pour vous, je vous assure qu'il vous dédommagera des petits sacrifices que vous ferez, et un jour, vous serez bien aise de lui avoir donné votre enfant, que vous ne pouvez mieux placer qu'entre les mains du Seigneur.

Vous feriez de plus grands sacrifices pour la confier à un homme qui peut-être vous serait inconnu et la rendrait malheureuse, et vous la refuseriez au Roi du ciel et de la terre ? Oh ! non, Monsieur, d'abord, vous avez des sentiments trop pieux pour agir ainsi, et je crois au contraire que vous devez remercier le Seigneur, car c'est une bien grande grâce qu'il vous fait ainsi qu'à votre fille qui le comprend très bien.

Je vous prie donc de vous décider le plus tôt possible, car si vous voulez la laisser partir avec moi, ce sera dans peu de temps. Nous ferons le voyage ensemble plus agréablement et, arrivées à Nevers, nous nous habituerons plus vite.

Léontine ne veut pas partir sans avoir vu Bétharram, ce qui fait que Marie ne rentrera que mercredi prochain; pour Léontine, nous la garderons jusqu'à ce que vous soyez venu pour décider la chose.

Recevez, Monsieur, l'assurance des sentiments respectueux de votre très humble servante.

14. « Sur la marche de l'escalier »

(À Mère X... 15 juin 1866)

Scène gracieuse, tout à fait dans le style spontané et sans protocole de Bernadette.

Ma chère Mère,

Connaissant l'intérêt que vous me portez, je suis heureuse de vous apprendre que je suis enfin déterminée à entrer dans votre chère congrégation. Oh ! que je serais contente, ma chère Mère, si je pouvais vous voir avant de partir, ce qui, je crois, sera difficile, étant pressée comme je suis pour arranger mes affaires, car j'espère partir au commencement du mois prochain avec Léontine Mouret.

Soyez assez bonne, ma chère Mère, pour m'accorder un souvenir dans vos ferventes prières, ainsi que vos chères Sœurs, afin que le bon Dieu fasse de moi une sainte religieuse et que je corresponde bien aux grâces qu'il me fait.

Je ne sais comment vous remercier, ma chère Mère, pour toutes les bontés que vous avez eues pour moi. J'en suis vraiment confuse chaque fois que j'y pense. Je ne puis que prier le Père des miséricordes de vous rendre au centuple tout ce que vous avez fait pour moi.

Je pense bien souvent à vous, ma chère Mère, et j'aime à me rappeler le jour où nous étions au bûcher, lorsque vous me parlâtes de ma vocation. Que de fois je me suis rappelé ce petit entretien, il me semble vous voir encore assise à la marche de l'escalier et moi à l'autre; je le regarde chaque fois que j'y vais. Je ne vous oublie pas chaque fois que j'ai le bonheur d'aller à la Grotte, c'est là que je prie cette bonne Mère de vous accorder toutes les grâces qui vous sont nécessaires. J'ai eu une intention toute particulière pour vous le jour que j'ai eu le bonheur d'assister au saint Sacrifice de la messe pour la première fois et que j'ai fait la sainte communion à l'église souterraine élevée sur la Grotte.

Mlle Estrade m'a chargée de vous offrir son respect et de vous dire bien des choses aimables, ainsi que Mlle Caroline Dauzat.

Ma chère Mère ainsi que toutes les Sœurs m'ont priée de les rappeler à votre bon souvenir.

Recevez, ma chère Mère, l'assurance des sentiments d'affection et de respect de votre très humble et reconnaissante enfant.

III.

BERNADETTE POSTULANTE, PUIS NOVICE AU COUVENT SAINT-GILDARD DE NEVERS (7 JUILLET 1866 - 30 OCTOBRE 1867)

Le 7 juillet 1866, Bernadette arrivait à Nevers. Dès le 29 juillet, elle recevait l'habit et son nom de religion : elle s'appellerait désormais Sœur Marie-Bernard. L'année de noviciat commençait. Mais quel noviciat ? Le noviciat de Dieu, le noviciat de celle que Dieu appelait à « s'offrir » et à prier « pour les pécheurs ». Dès la mi-août, elle entre à l'infirmerie. En octobre, son état est si désespéré qu'elle reçoit l'Extrême-Onction et est admise à prononcer ses vœux in articulo mortis. *Elle se rétablit, mais reste à l'infirmerie. En février, elle peut reprendre, vaille que vaille, la vie commune. Elle est, comme le craignait Mère Générale, « un pilier d'infirmerie ». Pourtant le 30 octobre 1867, elle est admise à faire sa profession.*

15. Le voyage de Bernadette de Lourdes à Nevers

(Aux Sœurs de l'Hospice de Lourdes, 20 juillet 1866)

Voici quinze jours que Bernadette est arrivée à Nevers. Le dimanche 8 juillet, devant la Communauté du Couvent Saint-Gildard, elle a raconté les événements de Massabielle. Premier et dernier récit : car interdiction fut faite à toutes les Sœurs d'interroger désormais Bernadette. « On vient en foule pour demander à la voir » écrit le Journal de la Communauté; *les Supérieures refusent, elles ne cèderont à l'avenir qu'aux instances de certains prélats ou bienfaiteurs insignes. Encore s'efforceront-elles que Bernadette ne s'aperçoive pas de ces faveurs : c'était sous-estimer la finesse de notre bigourdane, qui joua bien des tours à ces admirateurs.*

À Nevers, Bernadette entendra beaucoup de conférences, suivra de nombreuses retraites, lira des livres... En fait, tout en s'efforçant de profiter autant qu'elle le pourra, de tout ce qu'on lui enseigne ou prescrit, elle continuera à « vivre le message de Massabielle ». Déjà, de cette première lettre, il nous faut retenir que son âme reste « attachée à ce rocher qu'(elle) aime tant » : une confidence qui reviendra souvent sur ses lèvres ou dans ses lettres.

Lettre exquise, primesautière et taquine, mais courageuse et décidée : ce mélange, c'est Bernadette.

Mes bien chères Sœurs,

Vous devez être impatientes de recevoir de mes nouvelles. Il me semble vous entendre me qualifier d'indifférente ! N'importe, je vous dirais que je suis tellement habituée à toutes vos méchancetés, qu'à présent, mon pauvre cœur est insensible à tout.

Laissez-moi vous dire comment nous avons fait le voyage. Nous sommes arrivées le mercredi à six heures du soir à Bordeaux et nous y restâmes jusqu'au vendredi une heure. Je vous prie de croire que nous avons bien profité du temps pour nous promener, et en voiture s'il vous plaît ! On nous fit visiter toutes les maisons. J'ai l'honneur de vous dire que ce n'est pas celle de Lourdes et surtout l'Institution impériale; on dirait plutôt un palais qu'une maison religieuse ! Nous fûmes voir l'église des Carmes, de là, nous nous dirigeâmes vers la Garonne pour voir les vaisseaux. Nous fûmes encore au Jardin des Plantes : je vous dirai que nous avons vu quelque chose de nouveau; devinez quoi ? Des poissons : rouges, noirs, blancs, gris; c'est ce que j'ai trouvé de plus beau de voir ces petites bêtes nager en présence d'une foule de petits gamins qui les regardaient.

Le vendredi, nous couchâmes à Périgueux. Le lendemain, nous nous mîmes en route à sept heures du matin et nous arrivâmes à Nevers vers dix heures et demie du soir.

Il faut que je vous dise que Léontine et moi, nous arrosâmes bien la journée du dimanche par nos larmes ! Les bonnes Sœurs nous encourageaient en nous disant que

c'était une marque d'une bonne vocation. Je vous assure que le sacrifice serait bien plus amer à présent s'il fallait quitter notre cher noviciat; on sent que c'est la maison du bon Dieu, il faut l'aimer malgré soi ! Tout nous y porte et surtout les instructions de notre chère maîtresse. Chaque parole qui sort de sa bouche va droit au cœur, aussi, je ne cesse d'adresser mes faibles prières au Seigneur pour le remercier de tant de grâces dont il ne cesse de me combler tous les jours. Je vous prie, mes bien chères Sœurs, de vouloir être assez bonnes pour offrir quelques prières à cette intention pour moi, et surtout quand vous irez à la Grotte. C'est là que vous me trouverez en esprit, attachée au pied de ce rocher que j'aime tant. Je vous demande tout particulièrement un souvenir dans vos ferventes prières devant cette bonne Mère. De mon côté, je ne vous oublie pas devant Notre-Dame des Eaux qui est au fond du jardin dans une espèce de Grotte; c'est là où je fus dégonfler mon cœur les premiers jours, et, depuis, notre chère maîtresse a bien voulu nous y laisser aller tous les soirs.

Je prie la Sainte Vierge pour ma chère Sœur Victorine; je lui dis qu'elle ait pitié d'elle et qu'elle sèche ses larmes. Je vous prie, ma bien-aimée Sœur V., d'embrasser les deux petites Lacaze ainsi que Francine et Léonie. Dites-leur bien des choses de ma part en attendant qu'elles viennent me trouver; offrez mes amitiés à toutes les élèves et, en particulier, à ma chère amie Léontine Pomian. Dites-lui qu'elle ait la bonté d'offrir mon respect à Mlle P. et lui dire que je ne l'oublie pas quoique éloignée; qu'elle ait la charité de prier quelquefois pour moi.

Je vous prie, mes bonnes Sœurs, d'être assez bonnes pour présenter mon profond respect à M. le Curé. Dites-lui aussi que je me recommande à ses ferventes prières ainsi qu'à celles de la Congrégation; je lui serais bien reconnaissante s'il voulait bien ne pas effacer mon nom de la liste des congréganistes.

Je termine, mes bonnes Sœurs, en vous embrassant de tout mon cœur. Veuillez, en même temps, agréer l'assurance de mon profond respect avec lequel j'ai l'honneur d'être votre très humble et reconnaissante enfant.

16. À Mgr Laurence, évêque de Tarbes

(21 août 1866)

Cette lettre, bien que très officielle, nous montre que Bernadette (qui s'appelle depuis sa prise d'habit Sœur Marie-Bernard), prend fort au sérieux les obligations de sa vie religieuse.

Monseigneur,

Heureuse et recueillie, dans le pieux et saint asile où le bon Dieu m'a conduite, et où je goûte la paix la plus douce, et la joie la plus pure, je n'oublie pas ce que je dois à Votre Grandeur de profond respect et de vive reconnaissance.

Je prends donc la liberté, Monseigneur, de venir à vos pieds, solliciter de Votre Grandeur une paternelle bénédiction.

Petite brebis de votre nombreux troupeau, j'ai besoin de secours et de grâces, pour correspondre aux nombreux bienfaits que j'ai reçus du Seigneur.

Je sens, de plus en plus, mon impuissance, depuis, surtout, que j'ai le bonheur d'être revêtue du saint habit religieux qui, joint aux noms, si beaux et si chers à mon cœur, de Marie-Bernard, m'impose de grands devoirs à remplir.

Veuillez, Monseigneur, recevoir l'hommage du très profond respect avec lequel

J'ai l'honneur d'être, en Notre-Seigneur,
De Votre Grandeur
La très humble et très soumise petite fille.

17. « Je crois que le Bon Dieu n'a pas encore fini de m'éprouver »

(À Mère Augustine Ceyrac, 3 septembre 1866)

Lettre « d'ambiance », sans doute; mais qui restera vraie jusqu'à la fin de la vie de Sœur Marie-Bernard : souffrances physiques, mystérieuse épreuve spirituelle, amitiés, joie profonde, prière, générosité, crainte de pas répondre pleinement aux grâces dont Dieu l'a comblée et la comble encore.

Ma chère Mère,

Je suis heureuse de pouvoir vous écrire pour vous remercier des pilules que vous avez eu la bonté de m'envoyer. Je ne sais vraiment comment vous témoigner ma vive reconnaissance pour toutes les bontés que vous avez pour moi. Je crois que le bon Dieu n'a pas encore fini de m'éprouver car, depuis que je suis à Nevers, je souffre tous les jours de l'estomac et de la tête, mais cela ne m'empêche pas d'être contente et bien heureuse au Noviciat où tout le monde me gâte.

Ma chère Mère, je compte sur votre grande charité et sur celle de vos chères Sœurs pour remercier le Seigneur des grâces dont il ne cesse de me combler. Je vous promets de le faire pour vous ainsi que pour votre maison.

Soyez assez bonne, ma chère Mère, pour présenter mon respect à votre sœur. Je me recommande d'une manière toute particulière à ses prières afin que je devienne une fervente novice.

Recevez, ma chère Mère, l'assurance de mon profond respect avec lequel j'ai l'honneur d'être votre très humble et reconnaissante servante.

18. Sur la mort de Louise Soubirous, sa mère

(À l'Abbé Pomian, 2 janvier 1867)

Louise Soubirous mourut le 8 décembre 1866, entre 14 et 15 heures, tandis que se chantaient pour la première fois, dans la crypte de la Basilique de Lourdes, les Vêpres de l'Immaculée Conception. Sœur Marie-Bernard apprit la nouvelle le 10 décembre. Elle écrit à l'Abbé Pomian qui fut le premier confident des Apparitions et resta, de 1858 à 1866, son confesseur habituel et son directeur de conscience.

Monsieur l'Abbé,

Je n'aurais jamais cru qu'un coup aussi pénible vînt frapper si tôt mon cœur, je ne pourrais vous dire la peine que j'ai éprouvée en apprenant si subitement la mort de ma mère, j'ai appris plus tôt sa mort que sa maladie. Je comprends qu'on l'a fait pour ne pas me faire de la peine, mais hélas ! le coup n'a pas été moins cruel, car en lisant la lettre que ma chère Mère m'écrivait, je ne me fis point illusion, ma première pensée fut que ma Mère n'était plus de ce monde. Je me mis à même d'offrir ce douloureux sacrifice à Notre-Seigneur et sa sainte Mère, et fus me réfugier au pied de leur autel adresser quelques prières pour le repos de son âme, et implorer leur assistance pour le reste de ma famille. C'est là aussi que j'ai demandé à Notre-Seigneur de vouloir bien m'accorder les grâces nécessaires pour porter courageusement la croix qu'il me présentait.

Je vous serais bien reconnaissante, Monsieur l'Abbé, si vous vouliez avoir une intention, dans vos ferventes prières, pour le repos de l'âme de ma mère, ainsi que pour mes parents.

Je ne cesse de demander à Notre-Seigneur de conserver votre santé et qu'il vous comble de plus en plus de ses abondantes bénédictions, afin que vous puissiez travailler longtemps à le faire aimer. Ce sont les vœux et les souhaits que je forme pour vous au commencement de l'année.

Veuillez agréer, Monsieur l'Abbé, les sentiments respectueux de votre très humble et reconnaissante servante.

19. « Je suis toujours un pilier d'infirmerie »

(À Mère Ursule Fardes, 16 août 1867)

Ma bien chère Mère Ursule,

Je suis heureuse de venir passer quelques instants auprès de vous. Permettez-moi de vous témoigner, encore une fois, ma vive reconnaissance pour toutes les bontés que vous avez eues pour moi. Que vous dirai-je sur mon compte ? Que je suis toujours un pilier d'infirmerie.

Cette fois, le bon Dieu me tient plus longtemps sur la croix, je suis là depuis le mois de novembre. Priez un peu pour moi, j'en ai bien besoin, il faut de la patience quand c'est si long. Demandez-le donc un peu et beaucoup pour moi.

Je termine, ma bien chère Mère, en vous embrassant et en vous assurant que je pense bien souvent à vous dans mes prières devant Notre-seigneur et la très Sainte Vierge.

Veuillez, je vous prie, agréer, ma bien chère Mère, les sentiments pleins de reconnaissance et de respect de votre soumise enfant qui vous aime toujours.

20. «Le bonheur de faire ma profession religieuse»

(Au Curé Peyramale, 25 février 1868)

Aux termes du Droit Canon, la novice qui a fait profession in articulo mortis *et qui guérit, doit renouveler cette profession au temps voulu. Cette seconde profession eut lieu pour Sœur Marie-Bernard, le 30 octobre 1867. Mais bientôt sa santé s'altéra de nouveau : elle dut attendre près de trois mois pour faire part de sa joie au Curé de Lourdes.*

Monsieur le Curé,

Je vous prie de me pardonner si j'ai tardé jusqu'à ce jour à vous faire part de la joie que j'ai éprouvée le jour où j'ai eu le bonheur de faire ma profession religieuse; je me serais acquittée plus tôt de cette dette, que m'impose la reconnaissance, si bon Dieu ne m'avait retenue au lit par plusieurs graves maladies.

Laissez-moi vous remercier, Monsieur le Curé, des ferventes prières que vous avez eu la bonté d'adresser au ciel pour ce moi jour-là, et vous prier de vouloir bien les continuer afin de m'aider à remercier Notre-Seigneur et sa très Sainte Mère de toutes les grâces dont ils m'ont comblée.

Je vous prie d'être assez bon, Monsieur le Curé, pour faire agréer mon profond respect à Monsieur l'abbé Pomian, ainsi qu'à Messieurs les Vicaires. Je les remercie des ferventes prières qu'ils ont eu la bonté de faire pour moi.

J'ai vu, ces jours-ci, une Demoiselle qui m'a beaucoup parlé de vous, Monsieur le Curé, et de votre voyage à Rome, c'est là qu'elle a fait votre connaissance; j'ai appris également avec plaisir que vous aviez eu le bonheur de voir Notre Saint-Père et de lui parler; j'espère, Monsieur le Curé, que j'aurai une petite part dans la bénédiction que vous aurez dû solliciter de Sa Sainteté pour le troupeau confié à vos soins.

Je termine, Monsieur le Curé, en me recommandant à vos ferventes prières, surtout pendant le St Sacrifice de la Messe; demandez pour moi, je vous prie, la vertu d'humilité et un grand esprit de sacrifice.

Soyez assez bon, Monsieur le Curé, pour me recommander aux prières de la Congrégation, je serais bien reconnaissante à toutes ces demoiselles si elles voulaient avoir la charité d'adresser quelques prières à Notre-Seigneur et sa très Sainte Mère à mon intention, afin de les remercier des grâces qu'ils m'ont faites, surtout quand elles iront à ma chère grotte; je tâcherai de le leur rendre en adressant mes prières quoique bien faibles à Notre-Seigneur dans son Sacré Tabernacle.

Recevez, Monsieur le Curé, l'hommage du profond respect avec lequel je suis.

Votre très humble et reconnaissante servante.

IV.

SŒUR MARIE-BERNARD INFIRMIÈRE PUIS SACRISTINE (NOVEMBRE 1867 - NOVEMBRE 1875)

Après sa profession du 30 octobre 1867, Sœur Marie-Bernard fut nommée aide-infirmière, c'est-à-dire que, selon son état de santé, elle était tantôt soignante, tantôt soignée. En avril 1872, la Sœur Infirmière elle-même étant tombée malade, Sœur Marie-Bernard fut promue infirmière; elle tint bon, vaille que vaille, pendant quatorze mois. Mais cet office dépassait ses forces; le 3 juin 1873, elle recevait pour la troisième fois l'Extrême-Onction! En octobre 1873, elle fut nommée aide-sacristine; moins d'un an plus tard, elle regagnait définitivement l'infirmerie; son «emploi» désormais serait «d'être malade».

Des événements graves jalonnent ces huit années. Ainsi, le 13 octobre 1869, Sœur Marie-Bernard signe la «protestation» d'Henri Lasserre, auteur du livre sur Notre-Dame de Lourdes *contre la* Petite Histoire *des Pères Sempé et Duboé: ce sera l'origine d'une longue querelle entre les historiens de Lourdes, qui sera très douloureuse pour Sœur Marie-Bernard et poussera ses prolongements jusque sur son lit de mort ! Ainsi encore, la guerre franco-allemande de 1870 et la « commune » qui suivit, l'entrée de Jean-Marie Soubirous au noviciat des Pères de Ploërmel au début de 1870*[1]*, la mort en mars 1871 de François Soubirous et les deuils qui se succèdent au foyer de Marie, la sœur de Bernadette, l'épouse de Joseph Sabathé, la promulgation de nouvelles constitutions dans la Congrégation des Sœurs de Nevers, le 8 septembre 1871, la situation du Pape à Rome après l'unification du royaume d'Italie, etc... À tous ces événements nous verrons Sœur Marie-Bernard réagir avec l'énergie d'une foi intégrale : quoi qu'il arrive, elle domine l'événement par sa vision chrétienne de la vie et de la mort, elle offre et elle s'offre, selon sa vocation de Massabielle, pour le péché du monde et pour les pécheurs.*

De cette période, et en particulier des années 1873-1875, il nous reste de précieuses notes spirituelles de Sœur Marie-Bernard, dont la perle est sans aucun doute le carnet de notes intimes[2].

1. Voir, pour la date, notre article « Vivantes et mouvantes archives de Sainte Bernadette » dans *Recherches sur Lourdes* n° 56 p. 214-219.
2. Il a été édité en fac-similé hélio et en typographie par le Couvent Saint-Gildard.

21. Un joyeux Alleluia familial

(À sa sœur Marie, 16 avril 1868)

Cette lettre a vraiment un accent pascal; elle commence par « un bon Alleluia » et s'achève sur une déclaration de bonheur « sous tous les aspects »

Ma bien-aimée Sœur,

Je commence ma lettre par te souhaiter un bon Alleluia, ainsi qu'à toute la famille et mes autres parents. Je te prie de les embrasser tous pour moi, dis-leur mille choses affectueuses de ma part, ne m'oublie pas auprès des enfants que j'aime toujours. Dis-leur d'être bien sages, et de dire un petit « Je vous salue » pour moi tous les jours, particulièrement quand ils iront à ma chère Grotte.

J'aurais écrit à Joseph le jour de sa fête si c'eût été hors le temps de Carême. Dis-lui que je ne l'ai pas oublié pour ça; j'ai bien prié pour lui, j'ai demandé surtout à saint Joseph d'en faire un fervent chrétien. Je lui ai fait la même demande pour tous les membres de notre famille; comme il est le patron de la bonne mort, je lui ai également demandé de nous accorder la grâce d'une sainte mort à tous.

Ne m'oublie pas auprès de mon oncle et ma tante Lucile; je pense bien à eux, embrasse-les pour moi. Je pense que Bernadette va toujours à la classe de notre chère Sœur Victorine, dis-lui de l'embrasser pour moi, et de lui dire que je l'attends cette année.

Quand les parents de Momères iront vous voir, je vous prie de leur présenter mes amitiés. J'aimerais bien savoir si ma cousine est toujours à la maison, ainsi que François; dites-leur de me donner des nouvelles.

Ma santé est parfaitement bonne, ne vous inquiétez pas sur mon compte; je suis très heureuse sous tous les rapports.

Je termine en vous embrassant tous bien affectueusement, je charge le petit Pierre de faire trois gros baisers pour moi à mon père.

Veuillez agréer, mes bien chers parents, les sentiments respectueux de votre reconnaissante enfant.

22. « On me reproche de tenir trop à ma volonté »

(À Mère Alexandrine Roques, 6 avril 1869)

Cette lettre a surtout un triple intérêt : elle a été, sinon découverte, du moins révélée au public par Dom Bernard Billet, depuis la publication de notre livre des Écrits de Sainte Bernadette[1]; *elle comble un vide, car nous ne possédions aucune lettre de 1869; elle nous alerte sur un trait du caractère de Sœur Marie-Bernard qui pourrait bien être à l'origine des quelques difficultés communautaires, dont elle nous fera plusieurs fois confidence dans ses*

1. Cf. Recherches sur Lourdes, n° 00 p. 23-2...

notes spirituelles. Ici elle dit : « je m'entends appeler très souvent volontaire : cela me fait honte »; plus tard, elle parlera de préférence de sa « susceptibilité » et de son « orgueil ». Sous des mots différents, ne serait-ce pas le même défaut qui serait désigné ?

Ma bien chère Mère,

Je commence ma lettre par vous souhaiter un bon Alleluia, ainsi qu'à vos chères filles.

J'ai appris avec peine par la bonne Mère Marceline Domec, que vous vous étiez brûlé une main, de plus que ma chère Sr Victorine et Sr Orélie étaient très souffrantes; inutile de vous dire le chagrin que j'ai éprouvé en apprenant cela. Je vous prie d'être assez bonne, ma chère Mère, pour me donner ou me faire donner de vos nouvelles.

Ne soyez pas fâchée si je ne vous ai pas écrit plus tôt; ce n'est pas le désir qui me manquait; il me tardait trop d'être à la fin du carême pour le faire, mais le bon Dieu a jugé à propos de me faire passer les fêtes de Pâques au lit; la crise a été violente en commençant, mais elle n'a pas été longue; maintenant je vais mieux.

La santé de notre Vénérée Mère Générale se soutient toujours; continuez de prier pour elle.

Notre chère et digne Maîtresse me charge de la rappeler à votre bon souvenir.

Soyez assez bonne, ma chère Mère, pour offrir mon profond respect à Monsieur le Curé et à Mr l'abbé (N.D.R. : Pomian); je le prie d'avoir la charité de demander ma conversion au bon Dieu et (à) la très Sainte Vierge; on me reproche de tenir trop à ma volonté; je m'entends appeler très souvent volontaire; cela me fait honte et néanmoins je ne me corrige pas.

Permettez-moi, ma chère Mère, de me recommander à vos ferventes prières, ainsi qu'à celles de vos chères filles; je vous prie de me rappeler à leur bon souvenir.

Veuillez agréer, ma chère Mère, les sentiments respectueux de votre reconnaissante enfant.

23. Deux lettres à son frère Jean-Marie qui vient d'entrer au noviciat des Pères de Ploërmel

(21 avril 1870 - 28 décembre 1870)

Ces deux lettres, dont l'une a été récemment découverte et dont l'autre ne nous est connue que par une copie de Sœur Marie-Bernard, nous ont posé une énigme, qui serait encore peut-être non résolue, si par un heureux hasard une Sœur archiviste de Nevers n'avait retrouvé un «calendrier religieux» de 1870 et constaté que cette année-là, la fête de Saint Jean-Baptiste avait été célébrée, non pas le 24 juin, selon la coutume, mais le 27 juin. On pourra lire les péripéties de cette découverte dans « Vivantes et mouvantes archives de Ste Bernadette »[1]. Et nous voici, à présent, en possession de deux lettres de

1. Cf. note 1 p.

Sœur Marie-Bernard à son frère Jean-Marie, l'une correspondant à son entrée au noviciat, l'autre à sa prise d'habit. Les conseils que donne Sœur Marie-Bernard à son frère nous indiquent clairement ce que représentait à ses yeux le don de soi à Jésus-Christ dans la vie religieuse.

Voici d'abord la lettre qu'il faut dater très vraisemblablement du 21 avril 1870

Mon cher et bien aimé Frère.

Je voudrais pouvoir t'exprimer le bonheur que mon cœur a éprouvé en apprenant ton entrée au noviciat des chers Frères de l'Instruction Chrétienne.

Que nous devrions être fervents l'un et l'autre, mon cher Frère, pour remercier Notre Seigneur et la très Sainte Vierge de la grâce insigne de nous avoir appelés à son service, nous si faibles et si ignorants; appliquons-nous surtout à étudier la science des saints en imitant leurs vertus d'humilité, d'obéissance, de charité et d'oubli d'eux-mêmes. Rappelons-nous souvent cette parole du divin Maître qui nous dit : « Je ne suis pas venu pour être servi, mais pour servir les autres. » Cela paraît dur et difficile à la nature, mais quand on aime bien Notre Seigneur, tout devient facile. Quand quelque chose nous coûte, disons de suite : « tout pour vous plaire, ô mon Dieu, et rien pour me satisfaire ». Cette autre pensée m'a fait aussi beaucoup de bien : « faire toujours ce qui nous coûte le plus »; cela m'a aidé à surmonter plusieurs petites répugnances.

Je te remercie, mon cher frère, des ferventes prières que tu fais pour moi; prie aussi pour nos parents et surtout pour le petit Pierre. Je serais bien heureuse qu'il se donne aussi au bon Dieu. N'oublions pas dans nos prières les pécheurs et les pauvres âmes du Purgatoire, en particulier nos pauvres parents.

J'ai été très souffrante cet hiver; c'est ce qui m'a empêché de t'écrire plus tôt; je vais mieux depuis quelques jours.

Je te prie, mon cher frère, de vouloir présenter mon profond respect à M. le Supérieur, et me recommander à ses ferventes prières et à celles de la communauté.

Adieu, mon bon frère, ne m'oublie pas auprès des Cœurs sacrés de Jésus et de Marie. C'est là que je te donne rendez-vous.

Ta toute dévouée sœur.

Le 27 juin 1870, en la fête de Saint Jean-Baptiste, Jean Marie recevait l'habit religieux et prenait le nom de Frère Marie-Bernard. Mais, à ce moment Sœur Marie-Bernard, à Nevers, est malade; elle ne lui écrit qu'en décembre; voici la lettre nouvellement découverte :

Mon cher Frère,

Je ne puis t'exprimer le bonheur que j'ai éprouvé en apprenant que tu as le bonheur d'être revêtu des livrées de Notre Seigneur.

J'ai remercié ce bon Maître de la grâce insigne qu'il t'a faite. Je prie tous les jours pour que tu les portes maintenant et que ces chères livrées t'accompagnent jusqu'au tombeau; c'est aussi ton désir j'en suis sûre. Ce qui a augmenté ma joie, c'est de voir au bas de ta lettre le nom de Frère Marie-Bernard. J'aime à penser, mon cher frère, que tu fais tout ce qui dépend de toi pour te montrer digne de la confiance que tes vénérés supérieurs t'ont témoignée en te donnant si tôt le Saint Habit. Prouve donc, cher ami, ta reconnaissance à Notre Seigneur et à tes vénérés supérieurs, en devenant humble et obéissant. Demandons tous les jours ces deux vertus l'un pour l'autre à la très Sainte Vierge et au Saint Enfant Jésus. N'oublions pas que le moyen d'obtenir de nouvelles grâces, c'est de remercier Notre Seigneur et la très Sainte Vierge de celles qui nous ont été accordées.

Je te prie, mon cher frère, d'offrir mon profond respect à tes vénérés Supérieurs. Recommande-moi aussi aux prières de la communauté; je ne vous oublie pas dans les miennes quoique bien faibles; je prie surtout pour votre cher Noviciat.

J'ai été souffrante, sans cela je t'aurais écrit plus tôt. Je vais beaucoup mieux depuis quelques jours.

Je termine, mon cher Frère, en te souhaitant une bonne année. Je demande au petit Jésus qu'il te donne pour tes étrennes son amour et un grand esprit de sacrifice.

Adieu, mon cher Frère, ne m'oublie pas auprès des Cœurs Sacrés de Jésus et de Marie. C'est là que je te donne rendez-vous.

24. Quand Sœur Marie-Bernard écrit à sa Mère Générale...

(À Mère Joséphine Imbert, 18 mai 1870)

Mère Générale Joséphine Imbert était à Rome depuis le 26 mars; il s'agissait de faire approuver par le Saint-Siège les constitutions rénovées de l'Institut des Sœurs de Nevers. L'heure est grave pour l'Église : l'État italien, en constituant son unité, menace l'intégrité des États Pontificaux et l'indépendance du Pape; le concile du Vatican va s'ouvrir, et chacun pressent l'importance de l'enjeu; l'équilibre de l'Europe semble lui-même en question. Aux romanciers qui dramatisent à l'excès les relations de Sœur Marie-Bernard avec ses Supérieures, cette lettre, à elle seule, oppose un démenti évident.

Ma chère et vénérée Mère,

Depuis longtemps, mon cœur éprouve le désir de vous écrire, mais depuis votre départ, j'ai été presque toujours patraque ou occupée auprès de nos chères malades. Dans ce moment, il n'y a que ma Sœur Nathalie qui va beaucoup mieux, elle commence à faire quelques tours dans le corridor des infirmeries. Pour mon compte, je viens d'avoir une fluxion, il s'est formé un abcès dans la bouche, qui m'a fait bien souffrir; me voilà debout, quoique la bouche un peu de travers, je ne manque pas d'offrir toutes mes petites souffrances et sacrifices que le bon Dieu m'envoie, selon vos intentions, afin que Notre-Seigneur et la très Sainte Vierge bénissent et agréent les demandes que votre cœur de Mère forme pour la plus grande gloire de Dieu et la sanctification des âmes qui vous sont confiées.

Je n'oublie pas dans mes prières, quoique bien faibles, toutes les personnes que vous avez eu la bonté de me recommander avant votre départ; c'est surtout les jours de communion que je m'acquitte de cette dette, je sens mon âme remplie de force et de confiance en pensant que ce n'est plus moi qui prie, mais Jésus en moi. Je prie tout particulièrement pour les besoins du Concile, de la Congrégation, pour notre Saint-Père le pape. Oh ! que je serais heureuse de recevoir sa bénédiction !

J'ai appris avec peine, ma chère Mère, que vous étiez toujours souffrante, j'espère cependant que nous aurons le bonheur de vous revoir bientôt, le temps nous paraît bien long.

Permettez, ma vénérée Mère, à ma chère Sœur Éléonore, de trouver ici mes sentiments respectueux.

Veuillez agréer, ma chère et vénérée Mère, l'hommage du profond et affectueux respect de votre soumise et reconnaissante fille en Notre-Seigneur Jésus-Christ.

25. « Je me passerais bien de voir les Prussiens »

(À son Père, novembre 1870)

Ce fragment de lettre nous indique comment Sœur Marie-Bernard interprétait les événements politiques. Au fond sa vision des catastrophes ne rejoignait-elle pas celle de la Bible ?... Nous le verrons encore dans la lettre qu'elle écrit à sa sœur Marie le 4 juillet 1875, à propos de l'inondation du Gave et de la « Commune ».

On dit que l'ennemi s'approche de Nevers. Je me passerais bien de voir les Prussiens, mais je ne les crains pas : Dieu est partout, même au milieu des Prussiens. Je me souviens qu'étant toute petite, après un sermon de M. le Curé, j'entendis des gens qui disaient : « Bah ! il fait son métier. » Je crois que les Prussiens font aussi leur métier...

26. Noël de guerre à Saint-Gildard

(À sa sœur Marie, 25 décembre 1870)

Un Noël sans Messe de minuit ni lumière à Saint-Gildard ! Les Allemands ont atteint les limites de la Nièvre. Toutes les Sœurs disponibles sont occupées aux soins des soldats malades ou blessés. La maison, peut-

être, va servir de point d'appui à l'armée française pour la défense de Nevers. Les Sœurs sont invitées à faire leurs valises pour un éventuel déménagement. Cette lettre reflète bien l'esprit de foi et d'abandon de Sœur Marie-Bernard. Elle révèle aussi sa « susceptibilité » en face de toute négligence de la part de ses frères et sœur. Vraiment cette sainte est bien de notre race !

Ma bien chère sœur,

Tu me dis dans ta lettre que mon père se propose de venir me voir, je serais moi-même très heureuse de le revoir; dis-lui cependant de ne pas se mettre en route; si par malheur il lui arrivait quelque chose de fâcheux dans son voyage, je me le reprocherais toute la vie.

Notre vénérée Mère Générale m'a promis qu'elle me permettrait d'aller voir toute la famille quand on bénira la chapelle de la Grotte. J'aurais été très heureuse de voir mon père, mais le bonheur sera plus grand de vous voir tous en famille. Ma santé est assez bonne, ne vous inquiétez pas à mon sujet.

Ma bonne sœur, inutile de te dire la peine que j'ai eue en apprenant que mon petit neveu était né avec un pied tourné, et qu'il serait peut-être estropié pour la vie. Je t'en prie, fais-le voir au médecin, peut-être qu'on pourra lui arranger. Fais une neuvaine à Notre-Dame de Lourdes et lave-lui avec de l'eau de la Grotte.

Je suis très contente que tu aies fait parrain et marraine M. Alphonse et Mme Louise Ponson. Nc manque pas de leur offrir mes respects. Je pense souvent à eux devant

Notre-Seigneur. Je n'oublie pas non plus les trois fils de leur voiturière, j'ai pris une large part à sa peine, connaissant déjà sa position.

Dis à Laurentine Soubirous, de ma part, que je prie tous les jours la très Sainte Vierge de vouloir conserver son fils Jean; qu'elle ne se désole pas si elle n'a pas de ses mouvelles, ils n'ont, dans ce moment peut-être, ni le temps ni la permission d'écrire.

Nous n'avons qu'une chose à faire, c'est de beaucoup prier la très Sainte Vierge, afin qu'elle veuille bien intercéder pour nous tous auprès de son cher Fils, et nous obtenir pardon et miséricorde; j'ai la douce confiance que la Justice de Dieu qui nous frappe dans ce moment sera encore apaisée par cette tendre Mère.

Ma bonne sœur, tu me fais tout plein de reproches dans ta lettre; tu trouves que j'écris trop rarement, j'en conviens, mais que veux-tu que je dise, sinon rabâcher toujours la même chose, ne sachant rien de nouveau. Tu devrais être un peu plus indulgente, m'écrire trois fois pendant moi une; de cette manière, tout irait bien. En attendant, j'attends de vos nouvelles avec impatience, fais-moi réponse de suite.

Tu ne me parles pas de ma tante Lucile et sa famille, serait-elle fâchée avec moi ? Je l'aime cependant toujours et pense bien souvent à elle. Offre-lui mes respects bien affectueux, ainsi qu'à tous mes oncles et tantes, cousins et cousines que j'aime toujours.

Je termine, mes bien coers parents, en vous embrassant tous bien affectueusement, je charge ma petite nièce de faire deux gros baisers pour moi à mon père; si vous avez des nouvelles de mon frère Jean-Marie, je vous prie de m'en donner. Je ne suis pas contente de mon frère Pierre, je trouve qu'il est bien paresseux de ne pas m'écrire.

Recevez, mes bien chers parents, les sentiments respectueux de votre reconnaissante fille.

27. Deuils chez les Soubirous

(février-mars 1871)

En février, la petite Bernadette meurt au foyer de Marie et Joseph Sabathé. Le 4 mars, décès de François Soubirous, le père de Sœur Marie-Bernard. Tante Lucile, à laquelle elle fut et reste très attachée, meurt à son tour le 16 mars. Après la mort de François, Sœur Marie-Bernard prend conscience de ses responsablilités d'« aînée », ce qui n'est pas un vain mot dans les familles bigourdanes. Elle écrit à Marie, à Jean-Marie, et à Pierre (qui, de surcroît, est son filleul).

À sa sœur Marie, elle écrit le 9 mars 1871 :

Ma bien chère sœur,

Il a plu à Notre-Seigneur de nous enlever ce que nous avions de plus cher en ce monde, notre cher et bien-aimé père. Je viens pleurer avec toi; restons cependant toujours soumis et résignés, quoique bien affligés, à la main paternelle qui nous frappe si rudement depuis quelque temps. Portons et embrassons la croix que notre bon Jésus nous présente, demandons-lui, ainsi qu'à la très Sainte Vierge, force et courage, afin de la porter à leur exemple, sans nous laisser abattre.

La séparation de notre cher et bien-aimé père est bien pénible, mais la consolation est grande, puisqu'il a eu le bonheur de recevoir les sacrements; remercions Notre-Seigneur de cette grande grâce. Prions beaucoup pour le repos de son âme et celle de notre pauvre mère. Je te prie de faire dire des messes pour eux le plus souvent que tu pourras.

Je suis vivement touchée de la charité et de la bonté de notre Vénérée Mère générale, qui a fait dire aujourd'hui une messe pour notre pauvre père, toute la communauté prie pour lui et pour la famille. Ma bonne sœur, je te recommande, ainsi qu'à Joseph, de ne pas vous laisser aller au chagrin.

Ma bonne sœur, j'ai pris une bien large part à la peine que ton cœur de mère a éprouvée en perdant ta petite Bernadette; console-toi, c'est un petit ange que nous avons au ciel, qui prie pour nous en ce moment où nous en avons bien besoin.

Il paraît que ma tante Lucile est bien mal, peut-être morte dans ce moment. Je m'attends à tout, écrivez-moi, je vous en prie, et ne me cachez rien. Si ma tante est encore de ce monde, dis-lui que je prie pour elle, ainsi que toutes nos chères Sœurs; je demande au bon Dieu et à la très Sainte Vierge de vouloir bien la conserver à ses enfants. Je ferais volontiers le sacrifice de ma vie pour elle à Notre-Seigneur si c'est sa volonté.

Les sacrements ne font pas mourir; on me dit que ma tante a commencé sa confession, cela m'a fait plaisir. J'espère qu'elle est terminée et qu'elle aura le bonheur de recevoir Notre-Seigneur, qui seul peut guérir l'âme et le corps; dis-lui que je suis bien souvent auprès d'elle par la pensée; je charge la petite (nièce) d'embrasser sa mère pour moi.

Ne pouvant pas envoyer une médaille à ma tante, comme elle m'en témoignait le désir, je lui envoie un petit morceau de drap de la soutane de notre Saint-Père le Pape.

Donnez-moi des nouvelles le plus tôt possible. Je termine, ma bien-aimée sœur, en vous embrassant tous bien affectueusement; je te donne rendez-vous au pied de la croix, c'est là que nous trouverons force et courage.

Quelques jours plus tard, vers la fin de mars, elle s'adresse à Jean-Marie, qui est postulant au noviciat des Frères de Ploërmel, et à son petit frère Pierre, qui est pensionnaire au collège de Garaison. Voici d'abord la lettre à Jean-Marie :

Je viens aujourd'hui avec toi embrasser les Croix que notre divin Maître nous a envoyées; demandons-lui la grâce de les porter à son exemple, avec soumission et générosité.

Les épreuves que nous avons eues cette année sont grandes, n'est-ce pas, cher frère; trois membres de la famille nous ont été enlevés dans l'espace de quelques jours. Le bon Dieu a ses desseins, il est vrai, mais le coup a été bien rude : notre pauvre Père nous a été ravi si promptement; nous avons eu la consolation d'apprendre qu'il a reçu les derniers Sacrements : c'est une grande grâce dont nous devons le remercier. Prions néanmoins beaucoup, cher ami, pour le repos de son âme et pour notre bonne tante Lucile dont les pauvres enfants sont bien à plaindre. Je te recommande aussi de prier la Sainte Vierge pour notre sœur Marie qui en a bien besoin; tu sais qu'elle a eu le malheur de perdre sa petite Bernadette qu'elle aimait tant, quel chagrin pour une Mère !...

J'écris par le même courrier à notre petit Pierre qui m'a adressé une bien gentille lettre.

Donne-moi bientôt de tes nouvelles, cher frère, je suis inquiète à ton sujet.

Offre mon respect au cher Frère Directeur, et recommande-moi à ses prières et à celles de la Communauté.

Adieu, mon bien cher frère, demandons l'un pour l'autre à Notre Seigneur les grâces nécessaires pour devenir des saints. Soyons généreux dans les sacrifices que ce bon Maître nous envoie, et offrons-les pour le repos de l'âme de ceux que nous avons perdus.

Ta sœur bien dévouée.

Mon cher petit Pierre,

J'ai été très contente de ta petite lettre, tes bonnes dispositions surtout m'ont fait plaisir. Tu parais rempli de bonne volonté pour satisfaire ton cher et digne professeur; continue, mon bon petit ami, à faire de généreux efforts pour répondre à ses soins et à sa paternelle sollicitude, le bon Dieu te bénira. Tu feras aussi ma consolation, comme tu me le dis si bien dans ta lettre, si tu es pieux, obéissant, et appliqué à tes devoirs. C'est ce que je demande tous les jours pour toi à Notre-Seigneur et à la très Sainte Vierge.

Tu as été, je n'en doute pas, bien affligé de la perte de notre bien-aimé Père qui nous a été enlevé si promptement. Tu as eu le bonheur de le voir quelques jours avant sa mort : quelle consolation pour toi et pour notre pauvre Père !... j'en ai remercié le bon Dieu. Rendons-lui aussi des actions de grâces de ce qu'il a permis que ce cher défunt pût recevoir les derniers Sacrements. Prions beaucoup, mon cher petit Pierre, pour le repos de son âme, pour celle de notre pauvre Mère et de notre chère Tante Lucile que le bon Dieu a appelée aussi à lui. N'oublie pas dans tes prières notre bonne sœur Marie qui a besoin de courage et de santé pour soigner son petit garçon. Son cœur maternel a bien souffert de la perte de sa petite Bernadette.

Je n'ai pas eu depuis longtemps des nouvelles de Jean-Marie; je me propose de lui écrire.

Adieu, mon cher petit Pierre, offre mon profond respect à M. le Supérieur en me recommandant à ses ferventes prières.

Je t'embrasse bien affectueusement, mon cher petit ami.

Ta sœur dévouée.

28. Souhaits de bonne année à une petite fille

(À Bernadette Nicolau, janvier 1872)

Bernadette Nicolau, une enfant de huit ans, est la filleule de Sœur Marie-Bernard: c'est la dernière fille de Tante Bernarde, marraine elle-même de Sœur Marie-Bernard. À cette filleule, qui n'était encore qu'un bébé, lorsqu'elle quitta Lourdes pour Nevers, Sœur Marie-Bernard porte une affection toute maternelle: c'est « la privilégiée de son cœur ».

Ma bien chère enfant,

Ta dernière lettre qui m'exprime si bien tes vœux de bonne année m'a fait un extrême plaisir. Je vois par là que tu penses à moi. Merci, ma chère, de tes bons souhaits; les miens pour toi ne sont ni moins ardents ni moins sincères. Sois toujours bien sage et bien studieuse, de cette manière, tu seras sûre de contenter ton père, tes bonnes Maîtresses, il ne m'en faut pas davantage pour satisfaire mon cœur qui t'affectionne bien vivement. Oui, ma chère enfant, tu seras heureuse surtout si tu aimes bien le bon Dieu qui te protège tout particulièrement en permettant que tu reçoives une éducation chrétienne. Il y en a tant qui ne jouissent pas du même avantage que toi; remercie donc le Seigneur et pense quelquefois à ta tante qui pense souvent à toi, la privilégiée de son cœur.

Ma santé n'est pas plus mauvaise que l'année dernière. Seulement, le froid rigoureux de cet hiver m'a un peu éprouvée. Je respire avec moins de facilité; cependant, rassure-toi ainsi que mes autres parents.

Adieu, ma chère petite enfant, je t'embrasse affectueusement.

Présente mes souhaits de bonne année à tes excellentes Maîtresses.

Ta tante qui t'aime.

29. « Les pécheurs... Après tout, ce sont nos frères »

(À Mère Alexandrine Roques, 3 avril 1872)

Le ton de Sœur Marie-Bernard, quand elle écrit à Mère Roques, est toujours détendu et retrouve toute sa spontanéité : son esprit taquin perce ici et là et émaille les propos les plus graves. On relèvera en particulier cette parenté de race et d'âme avec les pécheurs : une belle traduction du message de la Vierge de Massabielle !

Ma bien chère Mère,

Je commence ma lettre par vous donner des nouvelles de notre chère et vénérée Mère Générale qui est arrêtée depuis trois mois dans sa chambre; la communauté est, comme vous pouvez (le) penser, bien triste; nous avons fait le mois de Saint Joseph pour demander sa guérison; nous n'avons sans doute pas bien prié puisque ma chère Mère n'est pas guérie; il y a cependant un petit mieux, mais c'est peu de chose. Priez la très Sainte Vierge de nous accorder cette grâce, si c'est pour la plus grande gloire de son divin Fils. Je ne voudrais cependant pas faire de la peine à Saint Joseph que j'aime beaucoup; mais au ciel on ne se fâche pas.

J'attends avec impatience Mlle Léontine : ne va-t-elle pas venir bientôt ? Qu'on est long à se décider dans mon pays !

Permettez-moi, ma chère Mère, de vous souhaiter un bon Alleluia, ainsi qu'à toutes les chères Sœurs. Nous aurions plus lieu de pleurer que de nous réjouir en voyant notre pauvre France si endurcie et si aveugle. Que Notre Seigneur est offensé ! Prions beaucoup pour ces pauvres pécheurs, afin qu'ils se convertissent : après tout, ce sont nos frères ! Demandons à Notre Seigneur et à la très Sainte Vierge de vouloir bien changer ces loucs en agneaux.

Oubliez mon corps, il va bien; mais priez beaucoup pour ma pauvre âme.

Présentez, s'il vous plaît, mes très humbles respects pleins d'estime, et l'Alleluia, à Monsieur le Curé;

demandez-(lui) un petit souvenir dans ses ferventes prières pour une des ses petites brebis.

Veuillez agréer, ma bien chère Mère, ainsi que toutes les chères Sœurs, mes sentiments respectueux avec lesquels je suis votre reconnaissante petite servante.

30. Sœur Marie-Bernard se fâche...

(Au Frère Marie-Bernard Soubirous, avril 1872)

Ce fragment de lettre est très précieux : c'est sans doute un des documents où se manifeste dans son jaillissement le plus naturel la « susceptibilité » de Sœur Marie-Bernard : il y a du persiflage dans le tour et le ton. Elle est excusable en la circonstance : Jean-Marie était d'une négligence extrême dans son courrier, et cela provoquera d'autres drames, nous le verrons !

Pardon, si je vous dérange, je voudrais bien savoir si vous avez fait vœu de ne plus m'écrire; voilà un an que j'attends une de vos lettres. Voyant que le temps s'écoule sans en recevoir, je me suis enfin décidée à vous écrire pour vous prier de me donner au moins signe de vie, si toutefois vous n'avez pas fait le vœu.

Veuillez, je vous prie, offrir mon profond respect au Révérend cher Frère Directeur, et me recommander à ses prières et à celles de la communauté.

....

31. Pierre Soubirous se prépare à sa première communion

(À son frère Pierre, 23 mai 1872)

Pierre est, depuis un an, élève au collège de Garaison et va faire sa première communion. Sœur Marie-Bernard lui écrit comme à un bon petit chrétien; mais en elle-même elle nourrit un espoir qui s'exprime dans sa lettre au Curé Peyramale, quelques jours plus tard : « Lorsqu'il sera suffisamment instruit, pour sa condition, je serais bien aise qu'il apprît un état pour gagner honorablement sa vie, si toutefois il n'a point de vocation pour l'état ecclésiastique ou pour l'état religieux, comme mon frère Marie-Bernard. »

Mon cher petit frère,

C'est avec une entière satisfaction que j'ai appris que tu allais avoir l'inappréciable bonheur de faire la première communion le 9 juin. Il va sans dire, mon cher petit frère, que, désormais, ton cœur, ton esprit, ton âme ne doivent être occupés que d'une seule pensée, celle de faire de ton cœur la demeure d'un Dieu. Oh ! oui, il faut que ce bon Sauveur soit continuellement présent à ta pensée et le prier de préparer lui-même sa demeure afin qu'il ne manque rien à son arrivée. Déjà, les anges envient ton bonheur, eux possèdent ce Dieu trois fois Saint; ils chantent incessamment ses louanges, mais ils ne peuvent pas, comme nous, le recevoir. Quelle bonté de la part de Jésus de s'abaisser jusqu'à se donner à nous, et faire de notre pauvre cœur sa demeure. Invoque souvent la très Sainte Vierge, mon cher petit ami, afin qu'elle t'accorde toutes les grâces qui te sont nécessaires pour faire ce grand acte.

Toute la communauté prie pour toi ainsi que pour tes camarades, nous demandons surtout que vous soyez tous de solides et fervents chrétiens, que vous aimiez le bon Dieu de tout votre cœur, et surtout que ce bon Jésus vous accorde une grande horreur pour tout ce qui est mal, ou puisse tant soit peu lui déplaire.

Je prie le Révérend Père Préfet de discipline de vouloir bien agréer mon profond respect et mes remerciements de la charité qu'il a eue de me donner de tes nouvelles et de m'annoncer d'avance le jour de ta première communion, cela m'a fait bien plaisir.

Je me rappelle très bien Mlle Joséphine Cazenave; je suis très heureuse d'apprendre qu'elle soit religieuse, je la prie, en qualité d'amie, de vouloir bien penser quelquefois à moi dans ses ferventes prières.

Cher petit ami, n'oublie pas d'offrir mon profond respect à ton cher et digne professeur, et de me recommander à ses ferventes prières, ainsi qu'à celles de toute la communauté de Garaison.

Je te remercie, mon cher petit frère, de la part que tu veux bien me donner dans la distribution de tes prières, ainsi que tes camarades; n'oublie pas les âmes de nos pauvres parents morts.

Adieu, mon cher petit frère, je t'embrasse bien affectueusement, et te donne rendez-vous auprès des Sacrés Cœurs de Jésus et de Marie.

32. Comment le Docteur Saint-Cyr, médecin du Couvent Saint-Gildard jugeait Sœur Marie-Bernard

(3 septembre 1872)

Ce témoignage est d'une importance capitale: c'est pourquoi nous l'insérons parmi ces lettres de Sœur Marie-Bernard. Le Dr Voisin, un des médecins de la Salpétrière, ayant osé déclarer en public: « Le miracle de Lourdes a été affirmé sur la foi d'une enfant hallucinée qui est enfermée dans le couvent des Ursulines (sic !) *de Nevers », le Dr Damoiseau, président de la Société des médecins de l'Orne, interrogea le Dr Saint-Cyr, président de la Société des médecins de la Nièvre, qui lui répondit :*

Mon cher confrère,

Vous ne pouviez vous adresser mieux pour avoir sur la jeune fille de Lourdes, aujourd'hui Sœur Marie-Bernard, les renseignements que vous désirez. Médecin de la communauté, j'ai donné des soins, pendant longtemps, à cette jeune Sœur, dont la santé, très délicate, nous inspirait des inquiétudes. Aujourd'hui, cet état s'est amélioré, et de malade elle est devenue mon infirmière, s'acquittant dans la perfection de sa besogne.

Petite, d'apparence chétive, elle a vingt-sept ans. Nature calme et douce, elle soigne ses malades avec beaucoup d'intelligence et sans rien omettre des prescriptions faites; aussi jouit-elle d'une grande autorité et, de ma part, d'une entière confiance.

Vous voyez, mon cher confrère, que cette jeune Sœur est bien loin d'être aliénée. Je dirai mieux : sa nature calme, simple et douce, ne la dispose pas le moins du monde à glisser de ce côté.

Je suis heureux, mon cher confrère, de cette occasion de causer avec vous et de vous être agréable, en vous fournissant les renseignements demandés.

Docteur Robert SAINT-CYR,
président de la Société des Médecins de la Nièvre.

33. Conseils à des enfants. Pour qui doivent-ils prier ?

(À son frère Pierre, 8 décembre 1872)

Après sa première communion, Pierre a écrit à sa sœur et marraine. Il lui a même fait confidence de ses résolutions de retraite. Sœur Marie-Bernard avait grande confiance dans la puissance de la prière des enfants.

Mon cher petit frère,

Je te remercie des bonnes nouvelles que tu me donnes de la famille; je suis surtout heureuse d'apprendre que notre cousin Pierre Vignes soit aussi avec toi à Garaison. Je vous recommande à tous les deux d'être bien sages, bien appliqués à vos devoirs, d'aimer beaucoup le bon Dieu et la très Sainte Vierge, afin qu'ils nous protègent.

C'est ainsi que vous satisferez votre cher et digne professeur; continuez, mes bons petits amis, à faire de généreux efforts pour répondre à ses soins et à sa paternelle sollicitude, le bon Dieu vous aimera et vous bénira.

J'ai été très contente en lisant les bonnes résolutions que tu as prises à la retraite, surtout que tu veux aimer le bon Dieu et la très Sainte Vierge de tout ton cœur, c'est ce que je demande tous les jours pour toi. J'aurais presque envie d'ajouter à tes résolutions celle-ci : pour plaire à Jésus, je m'appliquerai aussi beaucoup aux devoirs en classe, que tu ne perdras pas le temps.

Adieu, mon cher petit Pierre, offre mon profond respect à M. le Supérieur, en me recommandant à ses ferventes prières. Je le prie de vouloir bien agréer mes remerciements pour toutes les bontés qu'il a pour toi.

Je vous quitte, mes chers amis, en vous embrassant bien affectueusement et en me recommandant à vos prières, afin que je devienne une fervente religieuse.

Prions aussi beaucoup pour les pauvres pécheurs, pour notre Saint-Père, pour la sainte Église. N'oublions pas les chères âmes du purgatoire, surtout celles de nos chers parents.

Adieu, mon bon petit frère, ne m'oublie pas auprès des Cœurs Sacrés de Jésus et de Marie. C'est là que je te donne rendez-vous.

Ta toute dévouée sœur.

34. « Où trouver un ami comme Jésus ? »

(À sa sœur Marie, 28 avril 1873)

Lettre toute simple, toute illuminée de l'amour de Jésus-Christ, du désir du ciel, mais aussi de tendresse pour les siens et du souvenir de la « chère Grotte » : « J'y vais très souvent, même sans permission »; Sœur Marie-Bernard voile d'une plaisanterie malicieuse ce qui risquerait d'apparaître trop sentimental dans son souvenir de Massabielle.

Ma chère Marie,

Je me hâte de te donner des nouvelles de ma santé; me voici encore une fois ressuscitée après avoir gardé trois mois le lit. J'ai d'abord commencé par une crise d'asthme qui a été passablement longue; ensuite un fort crachement de sang qui ne me permettait pas de faire le moindre mouvement sans qu'il se renouvelât; tu croiras sans peine que d'être ainsi clouée n'arrange guère ma nature bouillante. Voilà les forces qui reviennent. J'ai assisté à la messe le jour de Pâques pour la première fois.

Notre-Seigneur est bien bon; j'ai eu le bonheur de le recevoir tout le temps de ma maladie trois fois par semaine dans mon pauvre et indigne cœur. La croix devenait plus légère et les souffrances douces quand je pensais que j'aurais la visite de Jésus, et l'insigne faveur de le posséder dans mon cœur, Lui, qui vient souffrir avec ceux qui souffrent, pleurer avec ceux qui pleurent. Où trouver un ami qui sache compatir et en même temps adoucir nos douleurs comme Jésus ? Il n'appartient qu'à Jésus et à Jésus seul. Aimons-le et attachons-nous à Lui de tout notre cœur.

Je te prie de me faire savoir si ma cousine Lucile Nicolau est chez les Sœurs de la Croix à Saint-Pé, ne l'oublie pas, je tiens beaucoup à le savoir. Mon frère Marie-Bernard m'a donné de ses nouvelles, il paraît que Joseph a été le voir. Je vous inviterais à en faire autant, mais c'est trop loin; au ciel nous nous reverrons, là il ne faudra plus se séparer. Je te prie d'être assez bonne pour offrir mes sentiments respectueux à tous nos chers parents; je les prie de ne pas m'oublier dans leurs prières, surtout quand vous allez à ma chère Grotte; vous m'y trouverez quelquefois; j'y vais très souvent, même sans permission.

Donne-moi de tes nouvelles le plus tôt possible, ainsi que de la petite Justine. Embrasse-la pour moi. Adieu, ma bonne sœur, reçois l'assurance de ma sincère et religieuse affection.

Ta sœur dévouée.

35. « Devenir une religieuse selon le Cœur de Notre Seigneur »

(Au Frère Marie-Bernard, 20 mai 1873)

Lettre très proche de la précédente. Avec des nuances cependant : écrivant à son frère religieux qu'elle suppose en pleine ferveur, Sœur Marie-Bernard laisse son âme s'exprimer sans détours. Cette lettre est en consonance avec le Carnet de notes intimes.

Mon bien cher frère,

Je suis fâchée de n'avoir pu te donner plus tôt de mes nouvelles. Je viens d'être gravement malade. J'ai commencé par avoir une crise, ensuite un fort crachement de sang qui ne me permettait pas de faire le moindre mouvement sans qu'il se renouvelât; cela m'a obligée à rester trois mois au lit. J'ai assisté pour la première fois le jour de Pâques à la messe, j'ai eu une petite rechute qui m'a fait garder quinze jours de plus le lit.

Ne t'inquiète pas : je n'ai rien à la poitrine; c'est une maladie de cœur, avec laquelle on peut vivre longtemps, comme aussi je puis mourir en dormant. Je m'abandonne entre les mains de Notre-Seigneur et de la très Sainte Vierge. Je vais mieux, les forces reviennent quoique bien doucement; prie beaucoup pour moi.

Je te prie d'offrir l'hommage de mon profond respect au Révérend cher Frère Directeur, les quelques « O Marie conçue sans péché, etc. » sont adressés à son intention; je suis très heureuse de penser que je suis en union de prières avec votre chère communauté.

Mes remerciements à M. l'abbé, du souvenir qu'il veut bien me donner à l'autel, je lui en suis très reconnaissante.

Adieu, mon cher frère, prie pour moi, afin que je devienne une religieuse selon le cœur de Notre-Seigneur.

Je suis ta toute dévouée sœur dans les Cœurs Sacrés de Jésus et de Marie.

P.S. — Donne-moi de tes nouvelles le plus tôt possible.

36. « Prie moins pour ma santé et beaucoup plus pour ma pauvre âme. »

(À sa cousine Lucile Pene, 21 mai 1873)

Cette lettre prend tout sons sens, si l'on se rappelle que cette crise de santé du printemps 1873 fut l'une des plus graves que connut à Nevers Sœur Marie-Bernard.

Ma bien chère cousine,

Je te remercie des prières que tu fais pour moi, ainsi que tes chers parents; prie moins pour ma santé, et beaucoup plus pour ma pauvre âme; demande souvent à Notre-Seigneur qu'il fasse de moi une religieuse selon son cœur. J'aurais toujours assez de santé, mais jamais assez d'amour pour Notre-Seigneur.

Je te prie d'offrir mon respectueux et affectueux souvenir à mes Oncles et à mes Tantes.

Je recommande à ton petit frère d'être bien sage et bien obéissant à son Papa et à sa Maman. Il faut qu'il devienne raisonnable puisqu'il se prépare à faire sa première Communion.

Je charge Marie d'embrasser mes petites cousines Nicolau pour moi, ainsi que la petite Bernadette Vignes que j'aime beaucoup. Donne-moi de ses nouvelles quand tu m'écriras.

Adieu, chère cousine, ne m'oublie pas auprès des Cœurs Sacrés de Jésus et de Marie.

Ta toute dévouée cousine.

37. Le « Secret du Roi »

(Notes spirituelles de 1873 à 1875)

Du carnet de notes intimes (1873-1874)[1] *et de quelques autres feuilles qui s'y apparentent (1875) nous ne retiendrons que les directives que donna alors à Sœur Marie-*

1. *On trouvera ce texte complet dans les éditions qui en ont été faites par le Couvent Saint-Gildard. Cf aussi ESB, p. 339-414 pour l'interprétation de ces textes.*

Bernard, pendant ses retraites, le Père Douce, aumônier du Couvent Saint-Gildard. Nous y adjoindrons trois des textes que composa (ou copia ?) Sœur Marie-Bernard. Là est le cœur de sa vocation, l'âme de son âme.

1. Directives du Père Douce

— *Retraite d'octobre 1873.* « Il faut que vous portiez la croix cachée dans votre cœur, à l'exemple de Marie [...]. Mettez-vous dans le cœur de Marie, et restez-y, faites-en votre demeure sur la terre [...]. Ne craignez pas de porter la Croix, même toute nue. »

— *Retraite de septembre 1874* « Ne craignez pas, tenez-vous toujours bien près de Notre-Seigneur dans son Tabernacle. Priez la Sainte Vierge de vous y tenir bien cachée [...]. À son exemple, portez la croix cachée dans votre cœur avec courage et générosité pour l'amour de Jésus [...]. Lisez et méditez de temps en temps le chapitre (*de l'Imitation*) du chemin royal de la Sainte Croix; vous y trouverez force et courage pour passer l'année. » *Dans un second entretien, le Père lui dit encore :* « Rappelez-vos souvent cette parole qui vous a été prononcée par la très Sainte Vierge : Pénitence ! Pénitence ! Vous devez être la première à la mettre en pratique. Pour cela, souffrez tout en silence, de la part de vos compagnes, à cette intention, afin que Jésus et Marie soient glorifiés. Demandez bien à Notre-Seigneur et à la très Sainte Vierge, de vous faire connaître la croix qu'il veut que vous portiez cette année : portez-la avec amour, fidélité et générosité. Cette croix fera votre gloire et votre consolation. »

— *Retraite de juillet 1875.* « Dans votre dernière retraite, je vous avais conseillé de vous tenir bien cachée, à l'exemple de Marie. Dès ce moment vous vous tiendrez encore plus cachée avec elle au pied de la Croix. Vous recevrez tout de la part de vos compagnes et de vos Supérieures comme venant de Notre-Seigneur [...]. Enfermez-vous bien avant dans le Cœur de Notre-Seigneur comme dans un tombeau. Rappelez-vous ces paroles de la Sainte Vierge : Pénitence ! Pénitence ! Souffrez tout en silence à cette intention pour les pécheurs. »

Un peu plus tard, nouvelles directives du Père Douce : « Retenez bien ceci : il faut, cette année, que vous fassiez dominer la confiance en tout ce que vous ferez et aurez à souffrir. »

— *Retraite de septembre 1875 :* « Mettez-vous, dès ce moment, dans la disposition d'accepter avec amour toutes les croix et souffrances physiques ou morales que le Bon Dieu vous enverra cette année, sans le laisser paraître : amour veut dire souffrir seule, en union avec Jésus et Marie; vous devez faire cela, en expiation, d'abord de vos péchés, ensuite pour tant d'autres. Lisez de temps en temps quelques versets du chapitre du dernier livre de *l'Imitation de Jésus-Christ* qui traite du chemin royal de la Sainte Croix. »

2. Trois textes tirés du carnet de notes intimes.

Alors j'ai levé les yeux et je n'ai plus vu que Jésus seul !
Jésus seul pour But,
Jésus seul pour Maître,
Jésus seul pour Modèle,

Jésus seul pour Guide,
Jésus seul pour Joie,
Jésus seul pour Richesse,
Jésus seul pour Ami !

Oh, oui, mon Jésus ! Soyez seul désormais mon tout et ma Vie; je vous suivrai partout où vous irez... Allons, mon âme, courage. Un jour encore, à la suite de Jésus et de Marie, gravissant le Calvaire... Et puis, avec Jésus et Marie, le Bonheur, l'Allégresse, l'Éternité !

Prière d'une pauvre mendiante à Jésus :

O Jésus, donnez-moi, je vous prie, le pain de l'humilité,
le pain d'obéissance,
le pain de charité,
le pain de force pour rompre ma volonté et la fondre à la vôtre,
le pain de mortification intérieure,
le pain de détachement des créatures,
le pain de patience pour supporter les peines que mon cœur souffre. O Jésus, vous me voulez crucifiée, *fiat*,
le pain de force pour bien souffrir,
le pain de ne voir que vous seul en tout et toujours,
Jésus, Marie, la Croix, je ne veux d'autres amis que ceux-là.

Une bonne religieuse doit demander à Dieu :

Plus d'humilité que d'humiliations,
Plus de patience que de souffrances,

Plus de volonté que d'œuvres,
Plus d'amour que d'actions,
Plus d'abandon que d'ordres,
Plus d'effet que de paroles,
Plus d'application à la sainteté qu'à la santé.

38. Regarder la vie et la mort avec les yeux de la foi.

(À sa sœur Marie, 6 septembre 1874)

En 1874, Marie et Joseph Sabathé ont déjà perdu trois petits enfants, Seule survit la dernière-née, Bernadette-Irma; elle mourra, hélas ! à son tour, le 12 août 1876...

Ma bonne Marie,

J'ai appris avec plaisir que ta santé est bonne, ainsi que celle de ta petite fille. Demande à Notre-Seigneur et à la très Sainte Vierge de vouloir bien nous conserver cette chère enfant que j'aime beaucoup. Cependant, chère Marie, je préférerais mille fois apprendre sa mort que d'apprendre, plus tard, qu'elle n'était pas une bonne chrétienne. Vous voyez le soin que vous devez apporter à élever cette chère enfant. Aussitôt qu'elle pourra, apprends-lui à connaître et à aimer le bon Dieu et la très Sainte Vierge, à vous respecter et à lui inspirer une grande horreur pour le mal; et ainsi vous vous acquitterez de votre devoir de père et de mère. N'oubliez pas que

Notre-Seigneur, un jour vous demandera compte de cette chère âme.

Milles choses affectueuses de ma part à marraine et à toute sa famille : je demande tous les jours à Notre-Seigneur et à la très Sainte Vierge qu'ils soient tous bien sages et qu'ils aiment bien le bon Dieu. Oui, mes enfants, aimez bien le bon Dieu pendant votre vie, c'est le plus grand bonheur que vous puissiez avoir sur cette terre, et le seul qui nous rendra éternellement heureux au ciel.

Ne m'oublie pas auprès de ma tante Basile, de mon oncle Jean-Marie et leurs familles. Encore une fois, mille choses affectueuses à tous.

Ma bonne sœur, tâche de me faire savoir si mon frère Marie-Bernard est toujours à Eauze; je suis très mécontente de lui : je lui ai écrit deux fois sans avoir une réponse de sa part. Je remercie Joseph de l'envoi qu'il m'a fait; j'ai appris surtout avec bonheur qu'il a été bien fidèle à faire ses devoirs; la plus grande consolation que vous puissiez me donner, c'est bien celle-là.

Je ne puis répondre à la lettre qui a été insérée dans la tienne : nous ne pouvons écrire qu'à nos parents.

Ne m'oubliez pas dans vos prières, surtout quand vous irez à ma chère Grotte.

Embrasse pour moi ta petite Bernadette; j'ai été très heureuse d'apprendre qu'elle était bien raisonnable.

Je te quitte, ma bonne Marie, en t'embrassant bien affectueusement, ainsi que ta chère petite fille. Je suis ta toute dévouée sœur, dans les Sacrés Cœurs de Jésus et de Marie.

38 bis. Souvenirs d'enfance

(À Adèle Delluc, 30 mars 1875)

Cette lettre doit être rapprochée de celle que Bernadette avait écrite à Sœur Constance de Panebœuf, le 18 décembre 1865 (n° 10 bis) : ces deux documents nous permettent de reconstituer l'atmosphère des séjours de Bernadette à Tarbes avant même les Apparitions. Des accueils de ses cousins Delluc, elle garde encore en 1875 un souvenir « très doux », malgré les « taquineries de Victor et d'Albert ».

Ma bonne et chère cousine,

J'aurais voulu pouvoir te donner plus tôt de mes nouvelles et te dire que j'avais fait exactement tout ce que tu me demandais dans ta chère lettre qui m'a fait grand plaisir : le saint Sacrifice de la messe a été offert le même jour que tu m'as fixé. J'ai également offert la sainte Communion à tes intentions sans oublier celles de Victor et d'Albert.

J'espère, ma chère Adèle, que tu me pardonneras d'avoir tant tardé à te répondre. Ce n'est point oubli ou indifférence de ma part; ma mauvaise santé est le motif d'un si long retard. J'ai eu deux fortes crises d'oppression qui m'ont fait passer l'hiver à l'infirmerie; tu comprends, chère amie, que j'ai été très attrapée, moi qui aime tant d'aller et venir; je t'assure que j'ai trouvé plus de quatre fois le temps long.

Je prie mon oncle et ma chère tante d'agréer mon profond respect, accompagné d'un gros baiser, et mille remerciements pour toutes les bontés qu'ils ont eues pour moi. Je n'ai pas oublié les doux moments que j'ai passés auprès de vous tous et surtout les taquineries de Victor et d'Albert ; je ne veux pas être oubliée auprès de Marie ; tu n'en parles pas dans ta lettre.

Adieu ma bonne et chère cousine, je te quitte en t'embrassant bien affectueusement et en me recommandant à vos prières, surtout quand vous irez à ma chère Grotte. Je le fais pour vous tous. Je recevrai toujours avec plaisir de tes nouvelles ainsi que de ta famille.

Adieu, je suis ta toute dévouée cousine dans les Cœurs Sacrés de Jésus et de Marie.

P. S. — J'oubliais de te souhaiter un beau et saint Alleluia, ainsi qu'à toute la famille.

Adieu.

39. «Le Bon Dieu nous châtie, mais toujours en Père»

(À sa sœur Marie, 4 juillet 1875)

Le 23 juin 1875, le Gave a débordé; l'inondation de Lourdes et de la région fut catastrophique; les eaux envahirent la Grotte pendant vingt-quatre heures. En apprenant la nouvelle, Sœur Marie-Bernard s'inquiète...

On sent d'ailleurs depuis quelque temps que sa sensibilité est à vif : l'allusion aux massacres de la Commune de Paris le montre bien. Ainsi réagira-t-elle désormais aux événements. Mais la vue de foi dominera l'angoisse; ne jugeons pas trop vite «naïve» son interprétation des cataclysmes : l'histoire du monde n'est-elle pas l'histoire d'un long conflit entre l'amour de Dieu et le refus des hommes?

Ma chère Marie,

Je suis vivement inquiète : il paraît que le Gave a débordé; il me tarde de savoir si l'eau a fait beaucoup de mal à la Grotte et aux moulins qui se trouvent sur les bords du Gave. Pour la ville, il me semble qu'il n'y a rien a craindre. Il paraît que l'inondation a fait beaucoup de mal à Tarbes, à Bagnères, qu'il y avait même des victimes, et je crains beaucoup pour mes parents de Momères. Tâche de me donner des nouvelles de ce côté.

Notre cousine Jeanne m'a écrit de la Trappe et me charge de ne pas l'oublier auprès de toi et de mes frères. Je suis bien inquiète pour elle, qui se trouve tout près de Toulouse, où l'inondation a fait des ravages épouvantables : il paraît que le nombre des personnes englouties par l'eau est incalculable; on n'avait jamais vu pareille chose.

Le bon Dieu nous châtie, mais toujours en père. Les rues de Paris ont été arrosées par le sang d'un grand nombre de victimes, et cela n'a pas suffi pour toucher les cœurs endurcis dans le mal; il a fallu que les rues du Midi fussent aussi lavées et qu'elles eussent aussi leurs victimes. Mon Dieu! que l'homme est aveugle, s'il n'ouvre pas son cœur à la lumière de la foi ! Après des malheurs si terribles, n'aurons-nous pas la tentation de nous demander qui aurait pu les provoquer, ces terribles châtiments ? Écoutons bien, et nous entendrons une voix, au fond de notre cœur, nous dire : c'est le péché, oui, le péché, puisque c'est le plus grand des malheurs qui nous attire tous les châtiments. Le mal que nous commettons avec malice retombe sur nous ; voilà le bonheur et les avantages que nous procure l'ouvrage du péché. O mon Dieu, pardonnez-nous, et faites-nous miséricorde !

Ma bonne Marie, je te prie d'être mon interprète auprès de mes chers parents, oncles, tantes, cousins et cousines : dis-leur mille choses affectueuses de ma part. Un gros baiser à ta petite fille pour moi. Il paraît qu'elle a été souffrante : donne-moi de ses nouvelles, ainsi que de mes deux frères, le plus tôt possible. Que fait Pierre ? Je trouve qu'il est bien paresseux pour m'écrire. Je ne sais que penser de Jean-Marie, qui ne m'a pas écrit depuis si longtemps. Je t'en prie, dis-lui de ne pas me laisser sans avoir de ses nouvelles. Quand tu verras ma bonne nourrice, dis-lui mille choses aimables, et à ses enfants, de ma part.

Notre chère Sœur Nathalie m'a dit que tu te proposais de venir me voir. Tu peux croire, chère amie, que certainement je serais très heureuse de te voir, ainsi que mes frères. D'un autre côté, c'est si loin que si, par malheur, quelque chose de fâcheux vous arrivait en route, je me le reprocherais toute ma vie.

Adieu, ma chère Marie. Ta sœur qui t'embrasse.

V.

SŒUR MARIE-BERNARD DANS SA « CHAPELLE BLANCHE » (NOVEMBRE 1875 - 16 AVRIL 1879)

À partir de novembre 1875, Sœur Marie-Bernard vit à l'infirmerie; elle habite « dans sa chapelle blanche », ainsi appelle-t-elle d'un mot lourd de sens son alcôve de malade. De crise en crise, sa santé inexorablement se dégrade : à certaines heures, écrire une lettre l'épuise.

C'est une époque de grands soucis familiaux : Jean-Marie, après son service militaire, abandonne la vie religieuse; Pierre renonce à poursuivre ses études; il n'ira ni au Grand Séminaire, ni dans quelque noviciat; au foyer de Marie, les deuils succèdent aux deuils après chaque naissance; le 8 septembre 1876, Mgr Peyramale meurt. Pourtant quelques joies sont réservées à la malade, des rencontres avec ceux qu'elle n'a pas revus depuis 1866 : le 15 septembre 1876, c'est l'Abbé Pomian; le 18 décembre 1878, c'est Jean-Marie, à l'improviste; enfin le 18 mars 1879, un mois avant sa mort, Marie et Joseph Sabathé... et Pierre voudrait bien venir à son tour la visiter.

Deux autres faits donnent au destin de Sœur Marie-Bernard son achèvement providentiel. En décembre 1875, Mgr de Ladoue, évêque de Nevers, partant pour Rome, lui demande d'écrire une lettre à Pie IX, et lui rapporte au retour la bénédiction personnelle du Souverain Pontife. Et le 22 septembre 1878, elle peut, grâce à une accalmie de santé, descendre à la chapelle et faire sa profession perpétuelle selon les Constitutions rénovées.

Cependant que la querelle des historiens rebondit autour d'elle; aux derniers jours de sa vie, le Père Cros, s. j., en accord avec l'évêque de Tarbes et les Pères de Garaison, prépare un nouvel ouvrage critique sur les Apparitions de Lourdes. Le Père est un historien rigoureux et intrépide; il veut recueillir de Sœur Marie-Bernard elle-même, avant qu'elle ne meure, le maximum de renseignements... Évincé de Nevers, le 25 août 1878, il obtient du Pape l'autorisation d'interroger Sœur Marie-Bernard, au moins par des questionnaires qui lui seraient soumis. Tous ces interrogatoires d'une minutie extrême fatiguent la malade, dont la mémoire ne s'est jamais attachée aux détails et qui ne perçoit pas leur importance en regard du message de la Vierge Marie.

À toutes ces souffrances physiques et morales s'ajoutent les suprêmes soubresauts de ces épreuves intérieures qu'elle avouait à Mère Ursule Fardes dès 1864, et dont la vraie nature nous échappe encore, du moins en grande partie[1].

1. Voir notre ouvrage : *Sainte Bernadette de Lourdes* aux Éditions Herder et Le Centurion, 1979.

40. L'Eucharistie et les enfants

(À des petites cousines, vers 1875)

Sous la tendre familiarité des propos, quel sens de l'Eucharistie ! Sœur Marie-Bernard s'est toujours sentie de plain-pied avec les enfants et sait s'adresser à leur cœur.

Mes bien chères petites cousines,

C'est avec une entière satisfaction que j'ai appris que vous aviez l'inappréciable bonheur de faire votre Première Communion. Il va sans dire, mes chères petites amies, que mon devoir est d'associer mes prières aux vôtres, quoique bien faibles; c'est ce que je fais de grand cœur, ainsi que toutes nos chères Sœurs de la communauté. Tout vous annonce quel prix vous y devez attacher, et la sollicitude avec laquelle on vous y prépare, et la solennité dont ce beau jour est toujours entouré. Est-il, en effet, une action plus sacrée et plus importante ? Des trésors inépuisables de grâces y sont ouverts; son influence doit s'étendre sur la suite de vos années, priez donc beaucoup, priez Notre-Seigneur et sa très Sainte Mère de vous faire bien comprendre l'importance de cette grande action.

Il approche, mes chères petites amies, ce jour si doux; l'objet de tous vos vœux, si riche de bonheur, de pieuses joies dont on vous a si souvent entretenues, il sera beau, grand et solennel, ce jour, il remplira vos jeunes cœurs de consolations saintes. Il sera bien cher à votre souvenir, puisque, pour la première fois, il vous sera permis de prendre place au banquet céleste, où vous allez être nourries de la chair d'un Dieu, lavées et désaltérées dans son sang, unies étroitement à sa divinité, comblées des dons de son amour.

Demandez bien au Sauveur Jésus de vouloir lui-même venir préparer vos jeunes cœurs, afin que rien ne contriste ses regards à son arrivée; ne vous occupez plus que de Jésus, puisqu'Il choisit vos âmes pour y reposer et faire sa demeure comme dans un sanctuaire d'innocence et de paix.

O mes chères enfants, il faudrait avoir un cœur d'ange pour recevoir Notre-Seigneur comme il le mérite. Faites-le du moins avec le plus de foi, d'humilité et d'amour qu'il vous sera possible. Et lorsque Notre-Seigneur sera dans votre cœur, abandonnez-vous à Lui, et goûtez en paix les délices de sa présence. Aimez, adorez, écoutez, louez, je dirais même jouissez. O l'heureux moment ! L'éternité seule nous réserve des joies plus grandes.

Profitez de la présence de Notre-Seigneur pour lui demander toutes sortes de grâces pour vous, pour vos parents, pour les personnes qui vous ont préparées à cette grande action. Pour l'Église, pour notre Saint-Père le Pape, pour les chères âmes du purgatoire, les pauvres pécheurs.

Enfin, vous irez à l'autel de Marie. Confiez-lui vos résolutions, et mettez sous sa protection votre trésor d'innocence et de ferveur. On ne l'invoque pas en vain, vous le savez. Demandez-lui la grâce d'aimer Notre-Seigneur comme elle l'aima elle-même, et de lui rester fidèle à la vie et à la mort.

Adieu, mes bien chères cousines, je vous quitte en vous priant de me donner une petite part dans la distribution de vos prières.

41. Un choix difficile et qui engage notre éternité : la « vocation »

(À son frère Pierre, 25 juin 1876)

Mon cher Pierre,

Je trouve que tu es bien paresseux pour m'écrire; n'aurais-tu pas reçu ma lettre datée du 29 février, ou bien serais-tu malade ? Donne-moi de tes nouvelles; je suis inquiète à ton sujet. Sache me dire si tu es fixé pour ta vocation, que penses-tu faire ? Tu n'ignores pas, cher ami, le vif intérêt que je porte à ton âme; je ne passe pas un jour sans prier pour toi Notre-Seigneur et la très Sainte Vierge de bien t'éclairer sur ta vocation et de te bien faire connaître sa sainte volonté, car (ce n')est (pas) l'affaire d'un jour, c'est pour toute notre vie; c'est ordinairement de notre vocation que dépend notre bonheur éternel. Prie donc beaucoup, cher ami, afin que le bon Dieu t'éclaire sur le choix de vie que tu dois embrasser pour son amour et pour sauver ton âme.

Tu ne serais pas content de moi si je laissais partir ma lettre sans te parler de ma santé; je vais mieux, je puis assister à la sainte messe le dimanche; prie toujours pour moi. N'oublie pas d'offrir mon profond respect au très Révérend Père Supérieur; je le prie de me permettre de me recommander à ses ferventes prières, ainsi qu'au très Révérend Père Sempé.

Adieu, cher frère, je te quitte en t'embrassant et en te recommandant d'être toujours bien pieux et bien raisonnable.

Adieu, cher ami, je te laisse dans les Cœurs Sacrés de Jésus et de Marie.

42. « Je suis toujours patraque »

(À Mère Alexandrine Roques, 25 juin 1876)

Nous l'avons déjà constaté quand Sœur Marie-Bernard écrit à Mère Roques, ce n'est pas une Religieuse qui s'adresse à une Supérieure, c'est une enfant qui s'adresse à une mère très aimée: on badine, et, à travers le badinage, on livre ingénument le fond de son cœur.

Ma bien chère Mère,

Je profite avec bonheur de l'occasion qui se présente pour vous donner des nouvelles de ma mauvaise santé; j'ai honte, cependant, il faut que je vous dise que je suis toujours patraque. Je me trouve mieux depuis quelques jours; je puis assister à la sainte messe le dimanche; c'est une bien grande consolation pour moi, surtout après avoir été privée si longtemps de cette grande grâce. Je n'ai pas encore beaucoup de forces, je ne puis pas aller à la chapelle toute seule, il me faut deux bras plutôt qu'un, c'est un peu humiliant, mais que faire, il faut se soumettre, puisque le bon Dieu le veut ainsi.

J'ai pour compagne d'infirmerie notre petite organiste, Sœur Claire, qui est bien malade; elle a la poitrine dans un bien triste état, je lui ai promis que vous lui feriez une neuvaine à Notre-Dame de Lourdes, ainsi que les chères Sœurs; elle en est tout heureuse et vous remercie d'avance. La communauté la commence ce soir, mais vous la continuerez; nous désirerions bien que la Sainte Vierge la guérisse: c'est un charmant sujet et un petit ange de piété.

Ma bien chère Mère, vous allez avoir des nouvelles toutes fraîches de vive voix de la communauté par les sœurs de ma chère Sœur Mélanie qui sont venues la voir, ainsi que notre second aumônier qui vient à Lourdes pour sa santé. Je vous le recommande, ainsi qu'à M. l'abbé Pomian; il est très timide, et, comme il est si souffrant, nous craignons pour lui qu'il ne soit obligé, comme la dernière fois, de s'arrêter en route. Il me fait pitié, sachant combien il désire faire ce voyage depuis si longtemps, j'espère que la Sainte Vierge lui accordera cette grâce.

Permettez-moi de vous dire, ma bien chère Mère, qu'il me tarde bien d'avoir de vos nouvelles, ainsi que de nos chères Sœurs; je sais que vous êtes très occupées, et surtout en ce moment-ci; aussi je prie d'une manière toute particulière pour vous autres; mais j'espère que vous travaillerez aussi un peu pour moi qui fais la paresseuse depuis si longtemps.

Je vous prie d'être assez bonne, ma chère Mère, pour offrir mes sentiments les plus respectueux et pleins de reconnaissance à Monseigneur Peyramale et à Monsieur l'abbé Pomian, et me recommander à leurs ferventes prières.

Veuillez agréer, ma bien chère Mère, ainsi que les chères Sœurs, les sentiments pleins de reconnaissance et d'affection de votre soumise enfant.

43. « Dans ma chapelle blanche »

(À Sœur Victorine Poux, 27 juin 1876)

Ma bien chère Sœur Victorine,

Je suis heureuse de profiter de la bonne occasion des sœurs de ma chère Sœur Mélanie; ces bonnes dames veulent bien se charger de mes commissions pour vous et les chères Sœurs.

Que vous dirai-je sur mon .... que je suis toujours dans ma chapelle blanche. Je puis cependant, depuis trois semaines, assister à la sainte messe le Dimanche, quitte à me remettre au lit en revenant; j'ai complètement perdu l'usage de mes jambes : il me faut subir l'humiliation d'être portée, mais nos sœurs le font de si bon cœur que, vraiment, le sacrifice est moins grand. Je crains toujours qu'elles prennent mal, et quand je leur dis, elles se mettent à rire, et je dirais même à se moquer de moi; elles me disent qu'elles en porteraient quatre comme moi.

Je vous prie d'être assez bonne pour offrir mon profond respect à M. l'abbé Pomian, et lui dire que je me recommande d'une manière toute particulière à ses prières, ainsi qu'aux vôtres ces jours-ci; j'en ai bien besoin ! Que je me convertisse enfin une bonne fois.

Je serais bien reconnaissante à M. l'abbé Pomian de prendre un peu sous sa protection notre second aumônier qui est très timide et souffrant; je connais trop sa charité pour craindre de lui demander ce service.

Mille et mille choses affectueuses et respectueuses de ma part à toutes nos chères sœurs, ainsi qu'à la bonne Mère Philomène et ses compagnes. Je demande un *Je vous salue, Marie* pour moi aux chères petites orphelines; je prie pour elles.

Je vous prie de remettre le paquet que ces dames vous donneront, à Marie. Je vous remercie pour toutes les bontés que vous avez pour moi ou pour les miens.

Votre soumise et affectionnée Sœur.

44. Devoir d'aînée

(À son frère Jean-Marie, 1er juillet 1876)

Les silences épistolaires de Jean-Marie ne disent rien qui vaille à celle qui se sent responsable de la famille depuis la mort de François Soubirous. Que devient la vie spirituelle du religieux, dans le tohu-bohu de la vie militaire ? Au moins, qu'il garde les simples et saines attitudes du chrétien ! Ce disant, Sœur Marie-Bernard songe aux décisions que devra prendre le soldat à son retour en France. Jean-Marie sera libéré, selon son livret militaire, le 11 novembre 1876.

Mon cher frère,

J'aurais désiré pouvoir répondre plus tôt à ta lettre qui m'a fait bien plaisir, d'autant plus qu'il y avait si longtemps que je n'avais pas eu de tes nouvelles; je t'avoue que cela me faisait bien de la peine. Je ne savais à quoi attribuer ton long silence; j'espère, cher ami, que tu ne me feras pas attendre si longtemps cette fois, je te prie de secouer un peu ta paresse.

Ma cousine Nicolau me disait dans sa lettre que tu attendais ton congé cette année; dis-moi un peu ce que tu penses faire, tu n'ignores pas que je te porte autant d'intérêt de loin que de près. Si je fais cette question, sache que ce n'est pas la curiosité qui me la fait faire, non, cher ami; n'ayant plus nos chers parents, il me semble que c'est un devoir pour moi, comme votre aînée, de veiller sur vous; inutile de te dire le vif intérêt que je vous porte à tous les trois. Je t'avoue que, dans ce moment, je suis vivement préoccupée de ton avenir et de celui de Pierre; je prie tous les jours Notre-Seigneur et la très Sainte Vierge de vous éclairer. Je te recommande surtout d'être bien fidèle à tes devoirs de chrétien, c'est là que tu trouveras force et lumière dans toutes tes peines et difficultés. Je sais que les militaires ont beaucoup à souffrir et en silence; s'ils avaient le soin de dire tous les matins en se levant ces courtes paroles à Notre-Seigneur : « Mon Dieu, aujourd'hui, je veux tout faire et souffrir par amour pour vous », que de mérites n'acquerraient-ils pas pour l'éternité. Un soldat qui ferait et serait fidèle à ses devoirs de chrétien autant qu'il lui serait possible, il aurait autant de mérite qu'un religieux. En effet, le religieux ne peut attendre de récompense de ses travaux et de ses souffrances que pour autant qu'il aura souffert et travaillé pour plaire à Notre-Seigneur.

Ne crois pas que ce soit indifférence de ma part si j'ai tant tardé à te répondre, non, mon état habitel de souffrance est le seul motif qui m'ait imposé cette privation. Je vais beaucoup mieux, je puis assister à la sainte messe le dimanche depuis à peu près trois semaines. J'espère qu'avec le beau temps, les forces reviendront encore cette fois. Je n'ai pas eu de nouvelles de la maison depuis ta lettre.

Adieu, mon bon frère, je te quitte en t'embrassant bien affectueusement et en te recommandant d'être toujours bien raisonnable.

Ta sœur qui t'aime toujours.

45. « Ici-bas la souffrance; au ciel, le vrai bonheur »

(À Rachel Dufo, 18 juillet 1876)

Rachel était la fille de l'ancien maire de Lourdes; mais dès le temps des Apparitions elle avait aboli entre elle et la fille du meunier Soubirous toute distance sociale : une amitié vraie les avait rapprochées. Or Rachel, après avoir perdu ses deux enfants, vient de perdre son mari, un chrétien fervent. Le coup est rude; mais Sœur Marie-Bernard sait qu'elle peut parler à Rachel le pur langage de la foi. Cette lettre est très intéressante aussi au point de vue littéraire : plusieurs phrases sont empruntées à un texte du P. de Ravignan, et pourtant l'original est émaillé de fautes d'orthographe...

Ma bonne et bien chère Rachel,

Je ne m'attendais pas qu'une aussi triste circonstance me procurât le bonheur de venir m'entretenir aujourd'hui avec vous; inutile de vous dire la large part que je prends à votre si juste et légitime affliction. Dieu éprouve ceux qu'il aime, vous avez donc droit tout particulièrement à une place dans son divin Cœur; c'est là seulement, ma bien chère amie, que vous trouverez la vraie et solide consolation. C'est lui-même qui nous invite par ces douces paroles : « O vous tous qui souffrez et qui êtes dans la peine, venez à moi; je vous soulagerai et vous consolerai. »

Allez le chercher, chère amie, le plus souvent que vous pourrez, ce divin Consolateur; lui seul peut comprendre une âme dans la désolation; vous pouvez être assurée, chère amie, que vous ne serez pas oubliée dans mes prières, quoique bien faibles, auprès de Notre-Seigneur et de la très Sainte Vierge, ainsi que l'âme de votre cher mari, pour qui j'ai fait la sainte communion. Au fort de l'épreuve, vous avez cependant la plus grande des consolations, j'en remercie le Seigneur avec vous : votre cher époux était pieux, il vous a quittée dans la paix et l'amour de Notre-Seigneur. Il n'est donc pas mort, chère amie, celui que vous pleurez, il n'est qu'endormi; vous vous retrouverez un jour, je l'espère, au ciel, où il n'y aura plus de séparation.

Je puis vous assurer que j'ai été vivement touchée et consolée en lisant les quelques lignes extraites d'une de ses lettres où sa foi si vive s'exprime si bien; je ne suis pas étonnée du calme et (de) la résignation, je dirais même de la sainte indifférence où sa grande âme se trouvait à son dernier moment, pour vivre ou pour mourir; il n'y a que la grâce de Notre-Seigneur qui puisse opérer de semblables prodiges.

Oui, chère amie, espérons d'une ferme espérance que celui que vous pleurez jouit ou qu'il jouira bientôt de la présence du Dieu puissant et fort dont il aimait si souvent à nourrir son âme.

Comme Notre-Seigneur vous aime en vous accablant ainsi ! Je vous en prie, chère amie, ne vous laissez pas dominer par le chagrin, soyez toujours bien soumise et résignée, comme vous l'êtes, à la volonté de Dieu; elle est toujours douce, même au milieu du sacrifice; alors, Jésus s'empare tellement de notre cœur que lui seul agit en nous. Il vous fera sans doute entendre souvent cette douce parole au fond de votre cœur : « Courage, je brise les liens les plus chers sur la terre, mais je réunis au ciel. J'accable, mais, en revanche, je me donne entièrement, je me livre à vous et je vous prends, je vous regarde comme ma possession, je règne sur vous. Courage, ma fille, la croix est le patrimoine de mes amis de prédilection; ici-bas, la souffrance; au ciel, le vrai bonheur. »

Je n'ai pas reçu votre première lettre, ni la photographie dont vous me parlez.

Je vous prie d'offrir mon affectueux respect à Madame votre sœur, mes amitiés à sa chère fille.

Veuillez, je vous prie, chère amie, me donner une petite part dans vos prières; je vous serais bien reconnaissante si, quand vous irez à la Grotte, vous vouliez faire une prière pour moi à la très Sainte Vierge, notre bonne Mère; je tâcherai de vous le rendre.

Adieu, chère amie, j'espère que vous ne m'en voudrez pas : je n'ai pu me décider à vous tutoyer.

Votre amie qui vous aime toujours en Notre-Seigneur, et vous donne rendez-vous dans les Cœurs Sacrés de Jésus et de Marie.

46. Un modèle des bulletins de santé de Sœur Marie-Bernard

(À sa filleule, Bernadette Nicolau, 26 août 1876)

En fait, à travers la petite Bernadette (13 ans), c'est à sa Tante Bernarde, sa propre marraine, que s'adresse Sœur Marie-Bernard. Tante Bernarde qui s'inquiète de sa santé. Et, comme d'habitude, Sœur Marie-Bernard réussit à rassurer sans pour cela mentir ! Admirons sa délicatesse à l'égard de sa sœur Marie qui vient de perdre, le 12 août, sa petite Bernadette.

Ma bien chère Bernadette,

Je te remercie des bonnes nouvelles que tu me donnes de la famille; je suis heureuse d'apprendre que vous jouissez tous d'une bonne santé, je demande à Notre-Seigneur de vous la conserver.

Je prie ma bien chère Marraine de ne pas tant se tourmenter à mon sujet; je me trouve un peu mieux ces jours-ci, je souffre très peu; seulement, je suis très faible; mon estomac refuse la nourriture, voilà pourquoi mes forces sont si longues à revenir; j'éprouve un peu de mieux, encore une fois, ne vous tourmentez pas : je suis soignée comme un petit bébé. Je suis vraiment confuse de toutes les bontés que notre vénérée Mère générale a pour moi, sans compter les bons soins que me donne l'infirmière; toutes les chères Sœurs sont très bonnes pour moi. Elles me disent très souvent qu'elles voudraient pouvoir prendre chacune un peu de mon mal et que je puisse courir comme autrefois. Je me mets à rire en leur disant que ma plus grande souffrance, pour le moment, c'est bien de ne pas pouvoir faire comme elles, suivre le train de ma chère communauté, car c'est pour moi une vraie jouissance.

Soyez assurée, ma bien chère Marraine, que je ne vous ai pas oubliée, le jour de votre fête, auprès de Notre-Seigneur et de la très Sainte Vierge, ainsi que ma chère filleule, j'espère qu'elle fera votre consolation.

Je vous prie de ne pas dire à ma sœur que je suis souffrante.

Adieu, chère filleule, je termine en vous embrassant tous bien affectueusement et en me recommandant à vos prières.

47. « Notre famille est plus nombreuse au ciel que sur la terre »

(À sa sœur Marie, 26 août 1876)

Pour la quatrième fois, Marie et Joseph Sabathé pleurent leur enfant mort, et ils se retrouvent seuls.

Ma chère sœur

Adorons toujours et bénissons le main toute-puissante de Notre-Seigneur, qui ne nous frappe que pour nous guérir et nous faire voir le néant des choses de cette misérable terre, où nous ne sommes qu'en passant.

Je comprends que, pour le cœur d'une mère, c'est bien triste, je dirai même cruel, de perdre son quatrième enfant; c'est vrai que l'épreuve est bien rude; mais quand j'envisage les choses de l'œil de la foi, je ne puis m'empêcher de m'écrier : heureuse mère qui envoie des anges au ciel qui prieront pour toi et pour toute la famille; ils seront nos protecteurs auprès de Notre-Seigneur et de la très Sainte Vierge.

J'aime à me représenter, au ciel, ce cher petit groupe, priant pour nous, pauvres exilés sur cette misérable terre; courage, notre famille est plus nombreuse au ciel que sur la terre. Prions, travaillons et souffrons tant qu'il plaira au Seigneur; dans peu de temps peut-être nous partagerons leur bonheur.

Ma bonne et chère Marie, je te recommande d'être raisonnable, ainsi que Joseph; ne vous laissez pas aller au chagrin. Vous me ferez bien plaisir de me donner bientôt de vos nouvelles, que j'attends avec impatience. Notre vénérée Mère générale veut que je vous dise qu'elle prend une large part à notre affliction, ainsi que toutes les chères Sœurs de la communauté, qui prient pour vous.

Ma santé n'est pas plus mauvaise. Il paraît qu'on a fait courir le bruit que j'étais morte...

(Je te prie de ne rien croire de tout ce qu'on dira, sans qu'auparavant tu ne reçoives une lettre de Nevers.)

Adieu, chère Marie.

Ta sœur qui t'embrasse de cœur.

48. « Ma main tremble comme celle d'une vieille »

(À Sœur Mathilde Pomian, 7 septembre 1876)

C'est en effet une « heureuse nouvelle » pour Sœur Marie-Bernard que celle de la visite prochaine de l'Abbé Pomian... mais dans sa joie, c'est surtout aux autres qu'elle pense... à l'Abbé qu'elle ne pourra « faire promener », à sa sœur Marie, aux Supérieures qui sont malades ou fatiguées... Et pourtant elle n'en peut plus !

Ma bonne Sœur Mathilde,

Je vous remercie de la bonne nouvelle; vous ne doutez pas sans doute que je reverrai avec bonheur votre cher et digne oncle, à qui je dois une grande reconnaissance pour tout l'intérêt qu'il m'a porté et qu'il me porte encore. Je vous assure que j'étais bien loin de m'attendre à une aussi heureuse nouvelle, je regrette seulement une chose, c'est de n'avoir pas un peu de force pour pouvoir le faire promener. Je suis toujours à l'infirmerie : je ne souffre pas beaucoup, mais je suis d'une faiblesse dont rien n'approche, l'estomac rejette la nourriture; voilà pourquoi je suis si longue à me remettre cette fois-ci, que faire ? Prendre patience et dire souvent : *Fiat !*

Il n'y a pas de chères Sœurs de Lourdes à la retraite. Je vous serai bien reconnaissantes si vous voulez bien faire une petite prière pour ma pauvre sœur qui vient de perdre sa petite fille, il paraît qu'elle est très triste, quoique bien résignée.

Je vous prie d'offrir mon profond respect à votre chère et digne Mère; j'ai appris avec peine qu'elle a été souffrante; je demande à Notre-Seigneur et à la très Sainte Vierge sa guérison dans mes prières, quoique bien faibles; je la prie de vouloir bien me donner une toute petite part dans ses souffrances.

La santé de notre vénérée Mère générale se soutient, quoique un peu fatiguée du grand ouvrage de la retraite; priez toujours pour elle que le bon Dieu la soutienne.

Les visites de ma chère Sœur Hélène sont très rares à l'infirmerie, par conséquent je n'ai pas encore fait votre commission.

Adieu, chère amie, je suis obligée de terminer, car ma main tremble comme celle d'une vieille. Je vous prie d'offrir mes respects à nos chères Sœurs et me recommander à leurs ferventes prières; priez pour moi, je le fais pour vous.

Adieu, encore une fois, votre Sœur et amie qui vous donne rendez-vous dans les Cœurs Sacrés de Jésus et de Marie.

Joignons à la lettre à Sœur Mathilde ce billet griffonné pour Rachel Dufo : le ton est le même . On remarquera combien les « adieu » de Sœur Marie-Bernard se font à présent insistants.

Ma bien chère Rachel,

Un mot seulement pour te dire que j'accepte très volontiers et avec reconnaissance le petit marché que tu me proposes dans ta chère lettre qui m'a fait bien plaisir. Je te remercie de la dizaine de chapelet que tu diras tous les jours pour moi, demande surtout à Notre-Seigneur et à la très Sainte Vierge la grâce d'une bonne mort.

Je te prie d'offrir mon respect à Mme Capdevielle et lui dire que je prends une bien large part à son chagrin et que je prie bien pour elle.

Adieu, je te quitte, je ne puis plus tenir la plume, je ne sais pas trop ce que je vous dis.

Adieu, encore une fois. Ta toute dévouée amie qui te donne rendez-vous dans les Cœurs Sacrés de Jésus et de Marie.

49. « Plus heureuse avec mon Christ (sur mon lit) qu'une reine sur son trône »

(À Mère Sophie Cresseil, 21 septembre 1876)

Ma bien chère et digne Mère Sophie,

Je ne sais comment vous remercier et vous témoigner assez ma vive reconnaissance pour le beau Christ que vous avez eu la bonté de m'envoyer; je ne puis vous exprimer le bonheur que j'ai éprouvé en le voyant; il y a longtemps que je désirais un grand Christ pour mettre à côté de mon lit; aussi, en le voyant, je me suis écriée en le serrant et l'embrassant : « Que ma chère Mère Sophie avait été bien inspirée. » J'ai la permission de le garder : je suis plus heureuse avec mon Christ, sur mon lit, qu'une Reine sur son trône.

Ma bien chère Mère, ne sachant que faire pour vous témoigner ma reconnaissance, je regarde aussi souvent que possible l'Image de Jésus Crucifié et le prie de vous bénir de plus en plus, ainsi que tout votre personnel.

Permettez-moi, ma bien chère Mère, de me recommander à vos ferventes prières ainsi qu'à celles de toutes nos chères Sœurs. Je ne vous oublierai pas dans les miennes quoiqu'elles soient bien faibles, un petit... *(mot illisible)* particulier à ma très chère Sœur Nathalie, de ma part.

Veuillez agréer, ma bien digne Mère, l'hommage de mon profond respect et l'expression de ma vive reconnaissance.

50. Tensions familiales à Lourdes

(novembre 1876)

La vie n'est pas facile, à Lourdes, chez les Sabathé. Jean-Marie, au retour du régiment, n'a pas repris la vie religieuse et s'est installé au foyer de sa sœur Marie. Pierre n'est pas reparti pour le collège ou le séminaire; lui aussi, est là. Va-t-il falloir partager tout de suite le maigre bien hérité de François Soubirous ? On est pauvre, et quand on est pauvre, dans ces cas de partage on se chicane un peu, on se brouille; mais les cœurs sont bons et on se réconcilie vaille que vaille... À distance ces brouilleries fraternelles prennent des dimensions de drame. Sœur Marie-Bernard s'inquiète: elle voudrait tant que sa famille fût chrétienne, et donc unie... Alors elle écrit en même temps à chacun des partenaires, mais elle a soin de faire passer ses lettres à Marie et à Pierre par sa cousine Lucile Pène (la fille de Tante Basile) en qui elle a toute confiance.

Voici d'abord la lettre à Marie:

Ma bonne sœur,

Je suis étonnée que te ne me fasses pas donner plus souvent de tes nouvelles du moment que Pierre se trouve à la maison; que fait-il ? je te prie de me faire savoir s'il pense à rentrer à Garaison; il faut savoir ce qu'il veut faire, car il est dans un âge où il faut qu'il apprenne un état, si toutefois il n'a pas la vocation religieuse. Je ne prétends pas qu'il passe son temps à courir à droite et à gauche.

Notre vénérée Mère générale m'a dit que tu te proposais de venir me voir; je te laisse parfaitement libre, seulement je te prie de m'écrire avant ton départ. Je te remercie du paquet que tu as eu la bonté de m'envoyer par M. l'abbé Pomian; j'espère, chère amie, que tu ne te négliges pas pour tes devoirs de religion ainsi que Joseph. Je vous recommande au moins par-dessus tout de faire votre possible pour bien servir le bon Dieu; n'oublie pas que

Notre-Seigneur nous dit de chercher d'abord le royaume de Dieu, et que tout le reste nous sera donné par surcroît.

Je te charge de dire mille choses respectueuses et affectueuses de ma part à ma bonne mère nourrice; j'ai appris avec peine que mon pauvre père nourricier était mort; tâche de me donner son adresse pour que je lui écrive.

N'oublie pas d'offrir mon profond respect à ma chère Mère, ainsi qu'à toutes les chères Sœurs, et me recommander à leurs ferventes prières.

Adieu, ma bonne sœur, je termine en t'embrassant bien affectueusement.

Ta sœur toute dévouée.

Le même jour elle écrit à sa cousine Lucile Pène :

Ma bien chère cousine,

Je n'ai pu répondre plus tôt à ta lettre qui m'a fait grand plaisir; ma mauvaise santé est le seul motif d'un si long retard. Je me trouve un peu mieux; je ne puis cependant pas encore sortir de l'infirmerie.

J'ai été vivement peinée, chère cousine, en apprenant qu'il fallait que tu fasses penser à ton mari qu'il faut aller à la messe le dimanche. Je tremble pour vous, quand je pense que Notre-Seigneur nous dit de chercher tout d'abord le royaume de Dieu et sa justice; il nous promet ensuite que tout le reste nous sera donné par surcroît[1]. Je

1. Sr M. B. écrit « sur-croix », une faute d'orthographe qui pourrait réjouir les psychologues des profondeurs !

vous en prie, observez le saint jour du dimanche; ce n'est pas le travail du dimanche qui vous enrichira; au contraire, vous vous attirerez des malheurs sur vous et sur vos enfants. De grâce, ne faites pas cela ! Vous devez l'exemple, non seulement aux personnes de la ville, mais aux étrangers qui vont à Lourdes.

Je te prie d'offrir mes respects à mon cher oncle et à mes chères tantes ainsi qu'à ma chère marraine.

Je recommande à mes cousins et cousines d'être toujours fidèles à leurs devoirs de religion. Je vous demande à tous des prières pour moi à la Sainte Vierge, chaque fois que vous irez à la Grotte.

Adieu, chère amie.

Ta cousine qui t'embrasse bien affectueusement.

P. S. Je te prie de faire parvenir mes lettres le plus tôt possible à Marie et à mon frère Pierre. Adieu.

Et voici les deux lettres à Jean-Marie et à Pierre :

Mon cher frère, (Jean-Marie)

J'ai lu avec peine dans ta dernière lettre, le mécontentement que tu éprouves de la part de mon beau-frère et de ma sœur; je crains que tu te montes un peu trop la tête; ce n'est pas dans un moment de contrariété qu'il faut parler ni écrire; il faut d'abord se *calmer, réfléchir* et *ensuite agir.* Marie ne m'a parlé absolument de rien, pas plus du rocher que du moulin. Vous ne pouvez rien arranger du moment que Pierre n'a pas l'âge. Je te conseille de te tenir tranquille et surtout de garder la paix et l'union qui fait le bonheur dans une famille. Tu peux être tranquille, je ne parlerai à personne de ce que tu me dis dans tes lettres.

Je n'ai pas eu de lettre de la maison depuis le mois d'août. Pierre m'écrivit pour m'annoncer la mort de ma chère petite nièce. Il paraît que Marie est bien triste depuis la mort de cette chère enfant; voilà la vie : des peines et des sacrifices, qui doivent nous faire voir que le bonheur n'est pas de ce monde.

Que te dirai-je sur mon compte? ma santé va un peu mieux; je suis cependant obligée de prendre beaucoup de précautions, pour me garantir du froid qui m'est bien contraire. Ne te tourmente pas; je suis à l'infirmerie, bien chaudement, et la chère Sœur infirmière est aux petits soins pour moi, et toutes les chères Sœurs sont aussi pleines de bontés pour moi; j'en suis toute confuse.

Je te recommande surtout de ne pas oublier tes devoirs religieux; n'oublie pas que *vouloir, c'est pouvoir.* Il me tarde d'avoir de tes nouvelles, donne-m'en le plus tôt possible.

Adieu, cher ami, ta toute dévouée Sœur, qui t'embrasse bien affectueusement.

Mon cher frère, (Pierre)

J'ai appris que tu avais beaucoup travaillé à la Grotte pendant les vacances. Il m'a été dit que, peut-être, tu ne rentrerais pas à Garaison cette année. Si tu crois réellement que le bon Dieu ne t'appelle pas à la vie religieuse, je t'engage fort à te décider pour apprendre un état. Il s'agit, mon cher ami, de penser à ton avenir. Pour mon compte, je ne serais pas contente que tu restes à travailler comme tu as fait jusqu'à présent à la Grotte; plus tard, tu te trouverais sans position, au lieu que si tu apprends un état et que tu aimes le travail tu pourras toujours vivre et te tirer d'affaire.

Je t'engage, mon cher frère, de bien réfléchir devant le bon Dieu; je ne voudrais pas pour tout au monde, que tu te fasses prêtre pour te faire une position; non, j'aimerais mieux que tu te fasses chiffonnier.

J'espère, cher ami, que tu comprendras que c'est le vif intérêt que je porte à ton âme qui me fait parler ainsi. Encore une fois, prie, réfléchis beaucoup et demande surtout à Notre-Seigneur et à la très Sainte Vierge de te faire connaître leur sainte volonté.

Je te recommande d'être toujours bien fidèle à tes devoirs de religion et soumis à Joseph et à Marie. Donne-moi de tes nouvelles le plus tôt possible.

Adieu, cher filleul, je te quitte en t'embrassant bien affectueusement.

Ta toute dévouée sœur et marraine.

51. Sœur Marie-Bernard écrit au Pape Pie IX

(17 décembre 1876)

Écrire au Pape, comme le lui suggère Mgr de Ladoue, l'évêque de Nevers ? Une tâche bien délicate pour Sœur Marie-Bernard... et la Communauté de Saint-Gildard ! Alors Sœur Marie-Bernard fait un premier brouillon, on le lui corrige, elle recopie, on le lui corrige encore. Nous avons fort heureusement les trois états de cette lettre. Mais ici, il faut préférer la spontanéité du « premier jet » à la perfection épistolaire de la lettre finalement expédiée.

Très Saint-Père,

Je n'aurais jamais osé prendre la plume pour écrire à Votre Sainteté, moi, pauvre petite Sœur, si Monseigneur de Ladoue, notre digne Évêque, ne m'eût encouragée, en me disant que le moyen sûr d'avoir une bénédiction du Saint-Père, c'était de vous écrire, qu'il aurait la bonté de se charger de ma lettre. Le combat s'engage entre la crainte et la confiance; moi, pauvre ignorante, petite Sœur infirme, oser écrire au Très Saint-Père, jamais; mais pourquoi tant craindre ? c'est mon Père, puisqu'il représente le bon Dieu sur la terre, le Dieu trois fois saint que j'ose recevoir si souvent dans mon pauvre cœur; c'est parce que je suis faible que j'ose recevoir le Dieu fort; le même motif m'encourage, très Saint-Père, à venir me jeter à genoux à vos pieds pour vous demander votre bénédiction apostolique, qui sera, j'en suis sûre, une nouvelle force pour mon âme si faible.

Que pourrai-je faire, très Saint-Père, pour vous témoigner ma vive reconnaissance ? Il y a longtemps que je suis zouave, quoique indigne, de Votre Sainteté[1], mes armes sont la prière et le sacrifice, que je garderai jusqu'à mon dernier soupir; là seulement l'arme du sacrifice tombera, mais celle de la prière me suivra au ciel où elle sera bien plus puissante que sur cette terre d'exil. Je prie tous les jours le Cœur Sacré de Jésus et le Cœur Immaculé de Marie, de vous conserver encore longtemps au milieu de nous, puisque vous les faites si bien connaître et aimer. Il me semble, chaque fois que je prie selon vos intentions, que du ciel la Très Sainte Vierge doit souvent jeter ses regards sur vous, très Saint-Père, puisque vous l'avez proclamée Immaculée, et que, quatre ans après, cette bonne Mère vint sur la terre pour dire : Je suis l'Immaculée. Je ne savais pas ce que cela voulait dire; je n'avais plus entendu[2] ce mot. Depuis, en réfléchissant, je me dis que la Sainte Vierge est bonne : on dirait qu'elle est venue confirmer la parole de notre Saint-Père.

---

1. Le mot vient d'une œuvre qu'avait, sinon fondée, du moins lancée le P. Cros s.j., dans les années 1865-1871. On appela ce mouvement de prière et de sacrifice pour le Pape : croisés du pape, zouaves du silence, etc... Finalement le P. Cros fit prévaloir « Milice du Pape ».

2. Tournure du terroir qui signifie : je n'avais jamais entendu.

52. Étrenne de pauvre

(À Tante Bernarde, 27 décembre 1876)

Ma bonne et bien chère marraine,

Je ne veux pas laisser passer le premier de l'an sans vous offrir mes vœux de bonne année, et vous assurer que j'adresse bien souvent mes prières, quoique bien faibles, au Seigneur, à toutes vos intentions et selon tous les besoins de votre chère famille. J'ai la douce confiance, bonne et chère marraine, que mes deux cousins et mes chères cousines *font* et *feront* de plus en plus votre consolation, en se montrant toujours très obéissants et très dociles à vos bons et charitables conseils.

Je prie mes cousines de ne pas m'oublier dans leurs prières, surtout quand elles vont à la Grotte. Je crois que Lucile est un peu fâchée à mon égard : ne recevant pas de ses nouvelles, je me suis demandé la raison qu'elle m'avait écrit, une fois, de Saint-Pé; j'ai complètement oublié de lui répondre; je la prie de ne pas m'en vouloir. Ce n'est nullement indifférence de ma part, mais un oubli que je regrette vivement.

Que fait ma chère petite filleule ? Aime-t-elle bien le Bon Dieu ? Est-elle bien sage ? Je désirerais avoir quelques étrennes pour lui envoyer, mais je suis bien pauvre, je n'ai rien, absolument rien : aussi, je prie le Saint Enfant Jésus de lui donner pour étrenne son saint amour, et qu'il la rende de plus en plus pieuse, ainsi que ses sœurs. Je la charge de vous faire à tous un gros baiser pour moi.

Ma chère marraine, vous ne seriez pas contente que je laisse partir ma lettre sans vous parler de ma santé. Je vais mieux, mais mon estomac n'est pas très complaisant; voilà pourquoi je suis si longue à me remettre cette fois. Ce n'est pas les soins qui me manquent : je suis confuse de toutes les bontés qu'ont mes Supérieures et mes compagnes pour moi.

Je termine, ma bonne et bien chère marraine, en vous embrassant bien affectueusement, ainsi que mes bien chères cousines. Votre soumise filleule.

53. Inquiétudes persistantes pour les siens

(À sa sœur Marie, 27 décembre 1876)

Ma bonne et chère Marie,

Il me tardait d'être au premier de l'an pour t'offrir mes vœux de bonne année, ainsi qu'à Joseph, et vous faire en même temps un petit reproche : je suis très étonnée que vous n'ayez pas répondu à ma dernière lettre depuis deux mois; je ne sais à quoi attribuer votre long silence; je crains vraiment que vous ne soyez malades. Je veux que vous me disiez tout simplement la raison sans rien cacher.

Je suis vivement inquiète au sujet de Pierre, qui ne m'a pas écrit depuis longtemps; il faut croire qu'il est très occupé, puisqu'il n'a pas pu répondre à ma dernière lettre et me donner de vos nouvelles; il me semble cependant qu'il aurait pu trouver un moment pour m'écrire, ne serait-ce que deux lignes. Je t'assure que je suis bien préoccupée de lui; je me demande souvent s'il est à la maison, à quoi travaille-t-il ? Je te prie de me dire s'il se conduit bien et comment il emploie son temps.

Ma bonne sœur, je te prie de me faire donner de tes nouvelles le plus tôt possible, je suis vivement inquiète au sujet de ta santé. Je te recommande d'être bien généreuse pour faire les sacrifices que le bon Dieu t'a demandé de tes chers enfants, adorons et soumettons-nous toujours à la sainte Volonté du bon Dieu.

Donne-moi des nouvelles de Jean-Marie, si toutefois tu en as reçu. Je n'écris pas à Pierre, puisqu'il ne répond pas à mes lettres. Ma santé va mieux, je ne puis pas cependant encore sortir de l'infirmerie, sauf le dimanche pour assister à la sainte messe.

Adieu, ma bonne sœur, je termine en me recommandant à vos prières et en vous embrassant tous bien affectueusement.

Ta toute dévouée sœur dans les Cœurs Sacrés de Jésus et de Marie.

54. Le « terrible ennemi » de Sœur Marie-Bernard

(À l'Abbé Pomian, 28 décembre 1876)

Le 15 septembre 1876, l'Abbé Pomian est venu à Nevers; mais pour Sœur Marie-Bernard, le mois d'août avait été très mauvais; mal remise, elle n'a su se montrer ni « aimable » ni « convenable » pour son visiteur : elle s'en excuse. Il faut retenir ici l'aveu du Docteur Saint-Cyr : les maladies de Sœur Marie-Bernard échappaient à sa science et ne relevaient pas tout à fait de sa thérapeutique : on pense volontiers aux étranges épreuves du saint homme Job selon la Bible.

Monsieur l'Abbé,

Je ne veux pas laisser passer le premier de l'an sans venir vous offrir mes vœux et mes souhaits de bonne année, en particulier celui de vous revoir à Nevers, si le bon Dieu le voulait, dans le courant de l'année. Je tâcherai d'être un peu plus aimable que la dernière fois. Je suis encore toute confuse, chaque fois que je pense combien je fus peu convenable, lorsque je vous reçus. Je vous en fais mille excuses; j'espère que vous ne m'en voudrez pas.

Que vous dirai-je sur mon compte ? Pas grand-chose de bon; mon estomac n'est pas très complaisant; je souffre toujours pour mes digestions; je garde cependant un peu plus la nourriture depuis un mois. Je disais, ces jours-ci, à M. le Docteur que c'était bien long, il a tourné les talons en me disant que j'avais un terrible ennemi. Je commence à croire qu'il y perd son latin.

Je vous prie, monsieur l'Abbé, de vouloir bien offrir mes vœux de bonne année à Mlle Pomian et me recommander à ses ferventes prières.

Permettez-moi, monsieur l'Abbé, en terminant, de me recommander à vos saintes prières, je ne vous oublie pas dans les miennes, quoique bien faibles.

Notre vénérée Mère générale et nos chères Sœurs assistantes me chargent de vous offrir leurs vœux et leurs hommages respectueux.

Veuillez, je vous prie, monsieur l'Abbé, agréer, avec mes vœux les plus sincères et les plus étendus, l'expression de mon profond et filial respect.

Votre reconnaissante et soumise fille en Notre-Seigneur.

55. « Un Ave Maria quand vous irez à ma chère Grotte »

(À Mgr Peyramale, 28 décembre 1876)

La fidélité de l'amitié et de la reconnaissance marqua toujours les relations de Sœur Marie-Bernard.

L'Abbé Peyramale, aujourd'hui Monseigneur Peyramale, resta, à Nevers comme à Lourdes, « son » curé. D'autant qu'il veilla paternellement sur sa famille.

Monseigneur,

C'est avec bonheur que mon cœur voit arriver l'époque du premier de l'an où il lui sera permis de venir vous exprimer les vœux et les souhaits bien sincères qu'il forme pour vous, Monseigneur. Je demande au Saint Enfant Jésus qu'il vous conserve encore de longues années au milieu de vos chers paroissiens, afin que vos bons exemples et votre zèle infatigable et plein de charité puissent les édifier encore longtemps.

J'ai appris avec une grande joie, Monseigneur, que les travaux de votre nouvelle Église étaient avancés. Je n'oublie pas la petite prière que je vous ai promis de faire tous les jours à votre intention. Permettez-moi de vous demander en retour un *Ave Maria*, quand vous irez à ma chère Grotte. J'en ai bien besoin; voilà plus d'un an que je suis dans ma chapelle blanche, je ramasse le peu de forces que j'ai pour aller à la messe le Dimanche, avec le secours d'un bras; heureuse encore si je puis continuer cet hiver, car l'année dernière, j'en ai été privée jusqu'au mois de Mai.

Il paraît que notre cher petit orphelinat occupe une large place dans votre cœur, et que vous êtes souvent le pourvoyeur, jusqu'à leur acheter du bois. Je n'avais pas besoin de cela, Monseigneur, pour connaître votre charité, j'ai été trop souvent moi-même l'objet de votre paternelle sollicitude pour penser qu'il en fût autrement pour ces chères petites orphelines. J'étais assurée d'avance qu'elles trouveraient en vous, Monseigneur, un cœur de vrai père.

Permettez-moi, Monseigneur, de vous exprimer, encore une fois, ma vive reconnaissance pour toutes les bontés que vous m'avez prodiguées, ainsi qu'à ma famille.

Ma chère Sœur Nathalie me charge de vous faire agréer ses vœux de bonne année avec l'hommage de son profond respect.

Veuillez agréer, Monseigneur, avec mes vœux, l'hommage de mes sentiments les plus respectueux et les plus reconnaissants.

Votre très humble et très obéissante fille en Notre-Seigneur.

56. Jean-Marie néglige d'avertir sa sœur de son mariage

(À Jean-Marie, fin février 1877)

Le 8 février 1877, Jean-Marie épousait Marie-Magdelaine Escalé, et il netfit part de son mariage à Sœur Marie-Bernard qu'après la cérémonie. Coup dur pour le cœur de « l'aînée ». Sa réponse est toute frémissante encore de la peine qu'elle a éprouvée en apprenant ainsi la nouvelle; elle fait effort, on le sent d'après le fragment qui nous reste, pour oublier la blessure de son cœur humain et remettre cette affaire sur le seul plan chrétien.

... Je te dirai que j'ai été surprise en lisant dans ta lettre que tu étais marié. J'ai même été un peu peinée. Non pas que je fusse fâchée que tu te maries, non; mais il me semble qu'il aurait été plus convenable que je l'apprisse deux ou trois jours avant ton mariage : ç'aurait été un bonheur pour moi d'unir mes prières, quoique bien faibles, aux vôtres, ce jour-là, pour demander à Notre-Seigneur et à la très Sainte Vierge...

... (Je te dirai) au tuyau de l'oreille que j'ai trouvé ta lettre passablement froide. Tu me dis pourtant le nom de ta femme; il semble qu'il ne t'aurait pas coûté beaucoup de me dire si elle est de Lourdes, et surtout si elle appartient à une famille chrétienne. J'espère, cher ami, que tu seras un peu plus aimable à la prochaine fois que tu m'écriras.

Je suis bien contrariée que Pierre n'ait pas continué ses études; il aurait pu, dans quelque temps d'ici, trouver une place dans un bureau. Il faut qu'il tâche de se...

57. Histoire d'un « empan de nez »[1]

(juillet 1877)

Une histoire que ne serait qu'« une bonne histoire » si elle n'avait bouleversé pendant plusieurs jours la sensibilité de grande malade de Sœur Marie-Bernard. C'est, semble-t-il, une lettre de Mère Alexandrine Roques qui a mis le feu aux poudres. « Mère Alexandrine Roques, *écrit Sœur Marie-Bernard au Père Sempé le 17 juillet,* me dit dans sa lettre que, dernièrement, en revenant de Poueyferré, Marie et Joseph aurait rencontré Pierre, qui les aurait fuis à toutes jambes, pour leur faire ensuite un empan de nez (*un pied-de-nez*)... Je vous en prie, mon Père, veuillez me dire si c'est réellement Pierre qui a

1. Voir le dossier complet dans ESB p. 481-490.

mauvaise tête. Ma chère Mère me dit encore que Joseph aurait vu Pierre fréquenter des gamins de son âge (*des gamins de dix-huit ans!*) qui pouvaient lui faire beaucoup de mal, même depuis qu'il est chez vous... Je crains vraiment qu'il finisse par faire un mauvais sujet. »

Cette lettre au Père Sempé contenait deux lettres-mercuriales, l'une pour Jean-Marie, l'autre pour Pierre. Les voici[1] :

Mon cher frère, (Jean-Marie)

Il paraît que c'est toi et ta femme qui êtes cause que Pierre a quitté la maison.

... Dis-moi le bon effet que ça fait que des étrangers soient obligés de veiller sur notre frère. Pauvre Jean-Marie, fais bien attention, réfléchis...

... J'ai honte pour vous autres : que doivent penser les gens de la ville de vous voir en désunion comme vous êtes, vous autres qui devriez donner le bon exemple ?...

... à présent que vous avez, aussi bien les uns que les autres, la tête montée; je vous assure que vous me faites tous beaucoup de peine, en voyant le peu d'union qu'il y a entre vous, tandis que vous pourriez vivre tous heureux et contents, en travaillant et en mettant chacun un peu du sien.

---

1. Nous ne citons que les fragments lisibles de la lettre à Jean-Marie; elle est très détériorée. Nous omettons aussi quelques phrases qui concernent trop intimement des personnes.

Je me propose d'écrire à Joseph, mais je désire savoir avant comment les choses se sont passées. Je te prie de me donner... détails...

... *P. S.* — Je te prie de ne pas m'oublier auprès de marraine et de sa famille, ainsi (qu')auprès de mes autres oncles et tantes et leurs familles.

Mon cher Pierre,

Je suis très contente que tu sois auprès du très R. P. Sempé, qui pourra vous donner des bons conseils, je crois que vous en avez grand besoin. Il paraît que vous vous conduisez d'une manière tout à fait inconvenante à l'égard de Marie et de Joseph, notre beau-frère; il m'a été dit une chose qui m'a fait beaucoup de peine, je n'aurais jamais supposé que vous fussiez capable de vous oublier à un tel point. Voici de quoi il s'agit : dernièrement, vous auriez rencontré Joseph et Marie sur la route de Poueyferré, vous...
... toutes jambes, pour leur faire ensuite un « empan de nez ». Si cela est vrai, je vous engage d'aller leur demander pardon de votre manque de respect à leur égard et de la peine que vous leur avez faite.

Est-ce ainsi que vous profitez de la bonne éducation que vous avez reçue chez les bons Pères ? Prétendez-vous leur témoigner votre reconnaissance et faire leur consolation en profitant si mal des bons exemples et des leçons qu'ils ont eu la bonté de vous donner ?

Pensez-vous que le bon Dieu et la très Sainte Vierge soient très contents et glorifiés de cela ? Non, certes. Si vous les aimez, eh bien ! vous leur prouverez en vous conduisant désormais d'une manière irréprochable. Vous êtes le plus jeune de la famille, vous devez le respect à Marie, à Joseph et à Jean-Marie, je veux que vous les aimiez tous, que...

... P. Sempé... ses bons conseils qui te feront du bien, j'en suis sûre.

Je suis très contente que tu apprennes l'état de jardinier; ça pourra te servir, surtout si tu y as du goût. Je te recommande de ne pas fréquenter de mauvaises compagnies; tu te ferais beaucoup de mal sans que tu t'en doutes. Aime beaucoup le travail, tu verras que tu t'en trouveras bien.

J'espère, cher Pierre, que ce sera la première et la dernière fois qu'on me fait des reproches sur...

P. S. — Ma santé va mieux, je me promène tous les jours au jardin pour prendre des forces.

Adieu.

Or toute cette histoire n'était que ragots et commérages. Dès le 23 juillet, Jean-Marie se disculpait par une lettre, un peu sèche, il est vrai; et le 24, c'était au tour de Pierre de fournir à l'accusation de sa sœur un alibi formel. « D'abord chère Sœur, je n'ai jamais été sur la route de Poueyferré, depuis que je suis auprès du R. P. Sempé. » *Enfin, ce même jour, le Père Sempé mettait un point final à ce petit drame.* « Ce qu'on vous a dit de sa fuite et de l'empan de nez est une pure fable sans l'ombre de fondement. » *Le 5 septembre, Jean-Marie écrivait à sa sœur une lettre plus fraternelle et son épouse lui envoyait « un petit cadeau ». Tout finissait par des baisers « affectueux », comme dans une chanson !*

58. Sur la mort de Mgr Peyramale

(À l'Abbé Pomian, 15 septembre 1877)

Mgr Peyramale mourut le 8 septembre 1877, en la fête de la Nativité de Notre-Dame. Il fut assisté à ses derniers moments par l'Abbé Pomian. La reconnaissance de Sœur Marie-Bernard n'est pas une vertu du bout des lèvres; elle s'enracine dans le sentiment sincère de sa pauvreté.

Monsieur l'Abbé,

Je regrette vivement de n'avoir pu vous écrire plus tôt, mais la mort si prompte de notre cher et vénérable Monsieur le Curé m'a atterrée. Quelle cruelle perte pour les habitants de Lourdes ! Ils seraient bien ingrats s'ils ne reconnaissaient dans la mort de notre cher et bon Pasteur un excès de zèle pour la gloire de Dieu et le salut de leurs âmes. Il paraît que le chagrin qu'il aurait éprouvé au sujet de la nouvelle église aurait contribué beaucoup à sa mort. Je n'en serais point étonnée, il avait tant à cœur l'œuvre qu'il avait si bien commencée ! Il faut adorer les desseins du bon Dieu, puisque rien n'arrive sans sa permission; sans cela, je crois que j'en voudrais un peu à mes chers Lourdais d'avoir fait de la peine à ce bon Père qui leur portait un si vif et si paternel intérêt. C'est le jour de la Nativité de la très Sainte Vierge que j'ai appris cette foudroyante nouvelle. À 9 heures, ma chère Sœur Nathalie vient me trouver à la tribune et me dit qu'on venait de recevoir une dépêche qui annonçait que Monsieur le Curé était au plus mal. Le lendemain, la seconde qui annonçait sa mort. Vous dire, Monsieur l'Abbé, ce que j'ai souffert serait impossible ! Mais autant la peine que j'ai éprouvée était grande, autant a été douce la consolation que j'ai eue en lisant que notre regretté Monsieur le Curé avait eu le bonheur de recevoir les derniers sacrements avec sa pleine connaissance et d'être assisté à son dernier moment par vous, monsieur l'Abbé, son ami de cœur, son fidèle et zélé serviteur.

La très Sainte Vierge est venue chercher notre bon Père le jour de sa Nativité pour récompenser les sacrifices et les rudes épreuves qu'il a acceptées et souffertes pour son amour.

Je ne doute nullement, Monsieur l'Abbé, de la profonde douleur dans laquelle vous a plongé la mort si prompte et si inattendue de notre digne et Vénéré Pasteur. Le respectueux attachement que vous lui portiez me dit bien haut combien grand doit être le vide qu'il fait autour de vous. La pensée seule que nous avons un protecteur de plus au ciel peut adoucir notre peine.

Depuis trois mois, ma santé s'est beaucoup fortifiée; je puis suivre une grande partie des exercices de la communauté, je me promène et j'ai très bon appétit.

En vous priant, Monsieur l'Abbé, de vouloir bien me donner une petite part dans vos prières et saints sacrifices, je vous offre l'expression de mes respectueux hommages avec lesquels j'ai l'honneur d'être votre bien humble et soumise enfant.

59. Pierre « Valet de chambre » de l'Évêque de Tarbes

(Au Père Sempé, 15 janvier 1878)

Cette promotion — car c'en est une aux yeux de Pierre qui sera fier d'écrire à sa sœur sur du papier à lettres à en-tête épiscopal ! — ne serait qu'un fait insignifiant, si elle ne nous valait quelques confidences précieuses de Sœur Marie-Bernard.

Mon très Révérend Père,

Je regrette vivement de n'avoir pu vous témoigner plus tôt ma reconnaissance pour l'intérêt que vous daignez porter à mon jeune frère, j'espère qu'il recevra toujours avec soumission vos bons et charitables conseils.

Je suis heureuse d'apprendre que Monseigneur avait daigné jeter les yeux sur mon petit frère pour en faire son valet de chambre. J'espère que ce cher enfant répondra par sa bonne conduite à la confiance que Sa Grandeur daigne lui témoigner.

Permettez-moi, mon très Révérend Père, de vous remercier des saintes prières que vous faites pour moi à ma chère Grotte; j'en ai bien besoin, je suis souffrante depuis deux mois; on ne me permet pas encore d'aller à la Sainte Messe le dimanche, le sacrifice est bien grand, mais il faut me résigner.

Veuillez, je vous prie, agréer, Mon très Révérend Père, les sentiments respectueux et pleins de reconnaissance de votre très humble servante.

60. Sœur Marie-Bernard admise à « faire ses grands vœux » (sa profession perpétuelle)

(À son frère Pierre, 7 octobre 1878)

Rectifions d'abord une distraction de Sœur Marie-Bernard : ce n'est pas le 15, mais le 22 septembre qu'eut-lieu la cérémonie. Mais les sentiments de cette lettre importent plus que la date. Que de choses — et combien profondes — en peu de mots ! Sœur Marie-Bernard ne se trompait pas en pensant que ses lettres « couraient partout »; et non seulement ses lettres, mais ses vieux cahiers d'écolière, les images qu'elle avait signées, ses « portraits », le moindre objet qui lui avait appartenu... On recueillait avec piété tout ce qu'elle avait « fabriqué » sur son lit de malade, car elle était fort habile de ses mains :

les « musées Bernadette » de Lourdes et de Nevers en portent témoignage; à Nevers, en particulier, on conserve d'elle des aubes brodées qui font l'admiration des visiteurs.

Mon cher frère,

Notre vénérée Mère générale, en me remettant ta chère lettre, m'aurait presque grondée de t'avoir laissé si longtemps sans te donner des nouvelles de ma santé. Je suis heureuse de pouvoir te dire que mes forces reviennent peu à peu; je suis encore un peu boiteuse; il y a trois mois que j'ai abandonné les béquilles. Ne te tourmente pas, ce n'est rien de grave, tout simplement une douleur sciatique au genou qui m'a fait un peu souffrir, c'est vrai, mais c'est passé.

Cher ami, je ne veux pas laisser partir ma lettre sans te faire part de mon bonheur : j'ai eu l'insigne faveur d'être admise pour faire mes grands vœux de religion le 15 septembre, jour consacré aux 7 Douleurs de la très Sainte Vierge; je suis bien indigne d'une grâce si grande; aide-moi par tes prières à remercier un peu Notre-Seigneur et la très Sainte Vierge.

Voici la raison pour laquelle je vous écris si rarement : il m'a été dit que mes lettres couraient partout, cela m'a fait de la peine, et si cela se renouvelait, je n'écrirais plus à personne.

À propos de tes larmes, je te dirai qu'en lisant ta lettre, j'ai eu la même faiblesse que toi; j'ai été obligée d'avoir recours à mon mouchoir; tu vois que je comprends ce que ton bon cœur éprouve. Allons, cher ami, un peu de générosité de part et d'autre : si le bon Dieu nous demande le sacrifice de ne plus nous revoir sur la terre, faisons-le avec joie.

Je te prie d'offrir l'hommage de mon profond respect à Monseigneur, en priant Sa Grandeur de vouloir bien agréer mes remerciements pour le grand intérêt qu'il daigne te porter.

Adieu, cher frère, je te quitte en t'embrassant bien affectueusement.

Ta toute dévouée sœur qui te donne rendez-vous auprès des Cœurs Sacrés de Jésus et de Marie.

P.S. — Je joins à ma lettre un petit Sacré-Cœur que j'ai fabriqué, porte-le sur toi.

61. Premières et dernières rencontres familiales à Saint-Gildard

(À Pierre, 5 janvier 1879)

Jean-Marie Soubirous, à qui un pèlerin du Nord a facilité le voyage Lourdes-Nevers, a surgi à l'improviste à Saint-Gildard le 18 décembre 1878. On descendit au parloir Sœur Marie-Bernard assise dans un fauteuil et le frère et la sœur eurent un long entretien... Pierre brûle d'imiter son aîné. En fait ce n'est pas Pierre qui arrivera le 18 mars, mais Marie et Joseph Sabathé : Sœur Marie-

Bernard sera alors dans un état de santé très grave; dix jours plus tard, elle recevra, pour la quatrième fois, l'Extrême-Onction.

Mon bien cher frère,

J'ai reçu ta lettre avec un bien sensible plaisir, tu n'en doutes pas, je pense, sachant la tendre affection que j'ai toujours eue pour toi. J'ai été aussi heureuse d'apprendre que Jean-Marie avait fait bon voyage, car j'étais impatiente de recevoir de ses nouvelles; je lui avais si bien recommandé de m'écrire en arrivant que je craignais qu'il lui fût arrivé quelque chose de fâcheux.

J'ai appris par notre vénérée Mère que ma sœur était malade, ce qui m'a bien affligée, ne sachant pas si c'est sérieux ou non, il y a déjà quelque temps. Il me tarde de savoir ce qui en est; elle a été peut-être contrariée de ce que mon frère est venu me voir sans le lui dire; si tu pouvais t'informer de tout cela, sans donner à connaître que je t'en parle, tu me ferais grand plaisir. Je te recommande d'être bien sage, bien généreux, si tu veux que le bon Dieu t'accorde le plaisir que tu désires tant, d'après ce que tu me dis, de venir me voir. Je vais mieux, je tousse moins depuis que le temps s'est un peu radouci. Notre vénérée Mère a voulu que je fasse une neuvaine à Notre-Dame de Lourdes pour demander ma guérison, elle se terminera samedi; je t'engage à t'unir d'intention, je fais la même demande à toute la famille. Si je suis guérie, je vous prierais d'aller tous à la Grotte en action de grâces d'une si grande faveur.

J'aime à croire que tu seras assez aimable pour offrir mon profond respect à Monseigneur, en lui faisant agréer mes vœux de bonne année... Tu voudras seulement bien aussi être mon interprète auprès de ma famille, dis-leur qu'ils comptent toujours sur mes souhaits les plus ardents.

C'est dans ces sentiments que je te quitte, bien-aimé frère, en attendant le plaisir de te voir, reçois mille souhaits de bonheur, adieu pour Dieu.

Ta sœur qui t'aime.

62. La dernière lettre de Sœur Marie-Bernard

(À Bernadette Nicolau, 11 janvier 1879)

C'est du moins la dernière lettre que nous possédons d'elle. Bernadette Nicolau a maintenant quinze ans; elle pourrait prolonger ses études, mais son père est mort, il y a quatre ans, et sa mère a besoin de son aide. En cette dernière lettre, on retrouve bien Sœur Marie-Bernard: acceptation de l'existence telle qu'elle est, sagesse humaine, offrande spirituelle, reconnaissance... et cette pudique tendresse dont elle enveloppait ses parents et ses amis. Il ne manque même pas, grâce au P. S., une pointe d'humour... encore que le sens de cette « étourderie » nous échappe.

Ma chère petite filleule,

Ta lettre m'a procuré un très sensible plaisir, tout ce qui vous touche m'intéresse, car je vous conserve toujours une tendre affection à tous. Je te remercie des bonnes prières que tu fais pour moi; de mon côté, je prie pour que tu continues à être sage, obéissante et pieuse. Je regrette de te voir quitter la classe si jeune encore; c'est le moment où tu profiterais le plus, à présent que tu as un peu plus d'âge de raison.

Enfin, à l'impossible nul n'est tenu; si tu as besoin de venir en aide à Marraine, il faut bien en faire le sacrifice; dis-lui, à ta maman, que je pense à elle dans mes souffrances, je les offre souvent à Dieu pour ses besoins, les tiens et ceux de tes frères. Je remercie Marraine de l'intention qu'elle a eue de m'envoyer quelque chose par mon frère, je lui en suis aussi reconnaissante que si je le possédais.

Lorsque tu auras l'occasion de voir ma chère Mère et les Sœurs, tu auras la bonté de leur offrir mes vœux de bonne année, en les assurant que je leur conserve mes meilleurs souvenirs.

Adieu, ma chère enfant, reçois un bien tendre baiser de ta marraine qui t'aime.

P. S. — Tu vas rire de mon étourderie, je me trouve trop fatiguée pour la recommencer, adieu.

VI.

SŒUR NATHALIE PORTAT RACONTE LA MORT DE SŒUR MARIE-BERNARD LE 16 AVRIL 1879

Ce sont les notes que Sœur Nathalie Portat rédigea immédiatement après la mort de Sœur Marie-Bernard. « Sœur X... », c'est elle-même. Faits et paroles sont donc incontestables : c'est un témoin direct, j'allais dire un acteur de l'événement qui parle. Le carnet sur lequel Sœur Nathalie consigna ces notes est perdu. Fort heureusement, une copie, certifiée fidèle, est conservée dans le « Procès de béatification » (Déposition de l'Abbé Picq)[1].

1. P.O. Nevers, VI, Session CXII, fol. 1337 et 1338.

À sept heures du soir, la Sœur X était à la chapelle, devant l'autel de la Sainte Vierge et recommandait à notre divine Mère son enfant privilégiée, dont l'état devenait de plus en plus grave.

À la fin de sa prière, la religieuse se sentit fortement, inspirée d'aller voir la malade, qui lui dit en l'apercevant : « Ma chère Sœur, j'ai peur... J'ai reçu tant de grâces et j'en ai si peu profité !... » « Tous les mérites du Cœur de Jésus sont à nous, lui dit la Sœur X; offrez-les à Dieu pour payer vos dettes et en action de grâces pour tous ses bienfaits. » Ensuite, après avoir promis à la malade de lui aider toujours à remercier la très Sainte Vierge des faveurs dont elle avait daigné l'honorer, la religieuse ajouta quelques mots à voix basse ....
« Ah ! je vous remercie », dit la malade, qui parut alors comme soulagée et délivrée d'un grand poids.

....

Le lendemain 16 avril, vers 3 heures du soir, la malade semblait en proie aux tortures d'une souffrance intérieure inexprimable.

Les Sœurs infirmières alarmées se hâtent de prendre de l'eau bénite, en répandent plusieurs fois sur la mourante et lui suggèrent de pieuses invocations. La malade saisit son crucifix *(ce crucifix avait été apporté de Rome par Mgr de Ladoue en 1877; on le conserve à la maison-mère),* le contemple un instant avec amour, puis elle baise lentement, une à une, les plaies du Christ.

Au même moment, la Sœur X entre à l'infirmerie et s'approche de la mourante qui paraissait absorbée dans la contemplation de son crucifix. Tout à coup, elle lève la

tête, tend les bras vers la Sœur X, et arrêtant sur elle un regard indéfinissable lui dit : « Ma chère Sœur, pardonnez-moi ....
Priez pour moi... priez pour moi. »

La Sœur X et les deux infirmières tombèrent à genoux pour prier. La malade s'unit à leurs invocations qu'elle répète à voix basse. Ensuite, elle se recueille quelques instants, la tête penchée du côté de la Sœur infirmière placée à sa gauche; puis avec une expression de douleur et de suprême abandon, elle lève les yeux vers le ciel, étend ses bras en croix et jette un grand cri en disant : « Mon Dieu !
.... »
....

Un frémissement involontaire de respect mêlé de frayeur saisit les trois religieuses encore agenouillées. L'une d'elles soutenait les bras de la mourante qui les tenait toujours étendus.........................
Enfin elle les laisse retomber et s'unit de nouveau aux prières de ses compagnes. À ces paroles de la Salutation Angélique : « *Sainte Marie, Mère de Dieu* », la mourante se ranime et, avec un accent pénétré qui révélait à ce moment suprême son humilité profonde et sa confiance filiale en la Vierge Immaculée, elle répète deux fois : *Sainte Marie, Mère de Dieu, priez pour moi, pauvre pécheresse.*

La mort approchait... Une lutte terrible semblait s'engager encore dans cette âme innocente et privilégiée à laquelle sans doute Dieu voulait donner quelques nouveaux traits de ressemblance avec notre divin Sauveur expirant sur la Croix.........................

La malade s'agite un moment et renouvelle deux fois en silence sa touchante supplication à la Sœur X en lui tendant les bras, les yeux fixés sur elle. La religieuse profondément émue cherche à deviner le désir de la mourante, l'interroge du regard, voulant dire : « Pourquoi me tendez-vous ainsi les bras ? Que voulez-vous de moi ? » La mourante répondant à la pensée de la Sœur X lui dit d'une voix forte : « C'est pour que vous m'aidiez...... »

La Sœur X se rappelle alors sa promesse de la veille.

Quelques instants après, la malade par un geste expressif demande à boire; elle fait un grand signe de croix, saisit le flacon contenant le breuvage fortifiant qu'on lui présente, en avale à deux reprises quelques gouttes et, inclinant la tête, elle rend doucement son âme virginale à son Créateur, pendant que ses compagnes répétaient cette invocation : *Jésus, Marie, Joseph, ayez pitié d'elle, protégez-la.*

Elles avaient accompli sans le savoir un désir de Sœur Marie-Bernard qui avait sollicité la grâce de mourir en répétant les doux noms de *Jésus, Marie, Joseph.*

TABLE DES LETTRES

III. BERNADETTE POSTULANTE, PUIS NOVICE AU COUVENT SAINT-GILDARD DE NEVERS (7 JUILLET 1866-30 OCTOBRE 1867).

IV. SŒUR MARIE-BERNARD INFIRMIÈRE PUIS SACRISTINE (NOVEMBRE 1867-NOVEMBRE 1875)

CET OUVRAGE
A ÉTÉ ACHEVÉ D'IMPRIMER
SUR ROTO-PAGE
PAR L'IMPRIMERIE FLOCH
À MAYENNE EN JUILLET 2004

N° d'impression : 60605.
Dépôt légal : juillet 2004.
(Imprimé en France)